Nous,
notre santé,
nos pouvoirs

présenté par le G.R.A.F.S

Nous,
notre santé,
nos pouvoirs

Éditions coopératives Albert Saint-Martin

NOUS, NOTRE SANTÉ, NOS POUVOIRS
Composition et montage : Composition Solidaire inc.
Maquette de la couverture : Marie-Josée Chagnon,
                            Zèbre Communication inc.
Photos : Anne de Guise

Impression : L'Éclaireur ltée

ISBN 2-89035-059-2

Dépôt légal : Bibliothèque nationale du Québec, 1er trimestre
          1983.

Publié conformément au contrat d'édition de l'Union des écrivains québécois.

Imprimé au Canada.

COLLECTION « FEMMES »

Dans la même collection :
L'École rose... et les cols roses
L'Intervention féministe
Viol et pouvoir

Notre catalogue vous sera expédié sur demande :
Les Éditions coopératives Albert Saint-Martin
5089, rue Garnier, Montréal (Québec) H2J 3T1
(514) 525-4346

DISTRIBUTION :
Québec et Amérique du Nord :
Diffusion Prologue inc.
2975, rue Sartelon
Ville Saint-Laurent, H4R 1E6
Tél. : 332-5860 — Ext. : 1-800-361-5751

Nous remercions le Conseil québécois de la recherche sociale qui a rendu possible la publication de cet ouvrage.
Nous remercions également toutes les conférencières, personnes ressources et animatrices qui ont participé à la rédaction de cet ouvrage.

Présentation

En mai 1980, la Corporation de santé mentale, se proposant de jeter un regard critique sur les interventions auprès des femmes, adoptait pour thème de son 5ᵉ colloque, « Femmes et folie ». Le succès fut inespéré et, l'année suivante, la Corporation récidivait, adoptant cette fois comme thème « Quand les femmes se prennent en main ». Devant un nouveau succès de participation, un groupe de femmes, distinct de l'organisation hospitalière, décide de mettre sur pied un 3ᶜ colloque sur la santé des femmes. C'est ainsi que le colloque « Femmes, santé, pouvoir » voit le jour en mai 1982 obtenant également un vif succès.

L'enthousiasme et la participation qu'ont suscités les colloques ont quelque chose de réjouissant et d'encourageant. Ils sont la manifestation que les femmes ont une volonté réelle de s'organiser, de se libérer de l'emprise médicale et de s'approprier le pouvoir sur leurs vécus et sur leurs coprs. Et s'il est difficile d'évaluer l'impact de ces colloques sur les pratiques médicales auprès des femmes et sur les politiques de santé au Québec, ceux-ci ont certainement été des lieux privilégiés d'échanges entre intervenantes et femmes usagères des services de santé. Ils ont aussi permis d'envisager de nouvelles pratiques et de créer des réseaux de support pour les intervenantes et usagères désirant travailler à ces nouvelles pratiques.

Mais tout cela est encore fragile et beaucoup reste à faire. Nos ébauches de changement se heurtent continuellement à des systèmes et à des habitudes bien en place. De plus, nos mémoires nous font souvent défaut et ainsi nous oublions de tirer de nos acquis, de nos luttes, de nos débats, des orientations pour nos actions et revendications futures. C'est pour ces raisons, ainsi que pour favoriser la diffusion la plus vaste possible des fruits de ces colloques que nous vous présentons ce recueil de textes. Cet ouvrage comprend quelques textes des conférences d'ouverture aux colloques de 1981-1982 et des textes abordant quelques-uns des thèmes ayant fait l'objet de discussions en atelier. Ils sont regroupés en trois chapitres : L'intervention féministe, Le pouvoir des femmes et Femmes, santé, société.

Enfin, nous espérons que ce recueil par la variété des thèmes qu'il aborde et des réflexions qu'il propose constituera un instrument de travail utile et stimulant pour les intervenantes, intervenants et usagères des services de santé québécois et contribuera à maintenir l'élan de changement amorcé par les colloques sur la santé des femmes.

L'INTERVENTION FÉMINISTE

Féminisme et thérapie : vers une nouvelle vision de l'intervention

Christine Corbeil, Carole Lazure, Gisèle Legault, Ann Pâquet-Dehcy *

Une vision féministe de l'intervention

Ce que l'on nomme désormais sous le vocable « d'intervention féministe [1] » constitue en quelque sorte une pratique alternative en thérapie, ou si l'on veut, un mode nouveau d'intervention qui préconise une conscientisation et une action thérapeutique qui tiennent compte de la réalité de l'oppression spécifique des femmes dans notre société. En ce sens, il ne s'agit pas seulement d'un outil ou d'une technique utilisé de façon accessoire au gré des intervenants et des circonstances dans le but d'ajouter une « saveur féministe » à l'intervention thérapeutique. Bien plus que cela, il s'agit plutôt d'une façon de concevoir et d'analyser les problèmes psychosociologiques vécus

---

* Le Groupe de recherche en intervention féministe (GRIF)

[1] Nous utilisons les mots « intervention féministe » plutôt que « thérapie féministe » pour identifier ce courant car, croyons-nous, la référence au concept de « thérapie » est beaucoup trop restrictive en ce qu'elle renvoie à des notions de traitement, de maladie et d'individu contrairement à une vision féministe en intervention.

par les femmes (et par les hommes) ainsi que d'une conception originale et progressiste de la notion de thérapie comme telle, tant dans
les objectifs visés que dans les stratégies d'intervention utilisées. Ainsi,
comme tout mode d'intervention, ce courant possède ses fondements
idéologiques et politiques propres, il ne peut prétendre être neutre,
et en ce sens il se définit avant tout comme féministe.

D'où nous vient ce modèle?

L'intervention féministe comme nouveau mode d'appréhension de la
réalité psychosociologique des femmes est issue de la deuxième vague
du féminisme aux États-Unis à la fin des années 60, à partir de la
critique qui émergea de ce mouvement[2] quant aux fondements et au
rôle sexiste de la psychothérapie traditionnelle[3].

En effet, c'est en fonction d'une critique féministe des modèles,
orientations et techniques des psychothérapies traditionnelles que des
femmes ont pu faire ressortir le sexisme contenu dans ces approches,
tant du point de vue théorique que pratique.

L'approche freudienne, reconnue aujourd'hui encore comme
influençant largement l'ensemble des courants psychothérapeutiques,
fut alors la cible favorite des critiques féministes. Nul doute qu'on
ne pouvait perpétuer davantage le mythe freudien de l'envie du pénis,
généralisée à toutes les femmes en raison de leur déficience anatomi-
que. Ces femmes selon Freud naissent avec un destin lié à un « manque » (on ne parle pas de différence mais d'infériorité) qui les amènera à souffrir d'un complexe de castration déterminant à lui seul
leur futur tempérament masochiste, narcissique et passif.

La réaction des courants féministes fut commandée par la nécessité de rejeter toute interprétation biologique légitimant une préten-
due infériorité naturelle de la femme... on partait de loin. Désormais,
la vision féministe préconise de remplacer les déterminations biologiques ou naturelles du dit comportement féminin, par des déterminants
sociaux, politiques et culturels expliquant les fondements de l'infériorisation des femmes et leurs conséquences au niveau psychologique.

---

[2] Voir en particulier deux des ouvrages déterminants en ce sens, pour le
mouvement des femmes, ceux de Betty Friedan, *La Femme mystifiée* et
de Kate Millet, *La Politique du mâle*.

[3] Nous entendons par « psychothérapie traditionnelle », toute thérapie qui
n'a pas questionné et modifié les fondements sexistes et stéréotypés ou
sa définition des fonctions sociales et psychologiques des femmes.

Cet apport critique du mouvement féministe nord-américain fut, à notre avis, fondamental et des plus original. Il consacre une nouvelle vision qui allie le conditionnement par les structures sociales et le vécu personnel et psychologique des femmes. Enfin l'on identifie les femmes comme groupe opprimé qui intériorise au même titre que d'autres minorités des valeurs, fonctions, prescriptions et mythes discrimatoires à leur égard, et ce au cours d'un long processus de socialisation qui s'orchestre dès les premiers jours de leur existence et qui les affecte comme groupe sexuel entier.

D'où la nécessité pour ces féministes, en fonction de leur analyse de la division sexuelle des rôles dans notre société, d'élaborer de nouveaux paramètres qui permettent une conception des problèmes vécus par les femmes fondée sur la réalité sociale et culturelle. Dès lors de nombreuses intervenantes qui se référaient à d'autres approches thérapeutiques, seront grandement influencées par ces critiques féministes et deviendront des porteuses de ce nouveau courant d'intervention.

L'analyse proposée

Dans le texte qui suit nous nous proposons d'analyser les principes et concepts de base de même que certaines stratégies d'intervention préconisées par l'ensemble de ce courant. À cet effet, nous avons procédé à un inventaire exhaustif des écrits des intervenantes féministes tant américaines, canadiennes que québécoises, afin de dégager les constantes, les oppositions et les tendances qui caractérisent la définition de ce modèle d'intervention tant aux niveaux théorique que pratique.

Les étapes de notre analyse s'effectueront en quatre temps distincts. D'abord, il sera question des concepts ou principes de base qui régissent l'élaboration d'une définition féministe des problèmes vécus par les femmes, essentielle à toutes tentatives d'intervention féministe. Dans un second temps nous examinons les objectifs thérapeutiques qui guident l'intervention; pour nous amener dans une troisième étape à comprendre quelles sont les stratégies d'intervention qui caractérisent cette nouvelle pratique. Finalement dans un quatrième temps, nous nous sommes réservé un espace pour un regard critique quant au cheminement et à l'évolution de l'intervention féministe, et aux limites et lacunes décelées à l'intérieur de ce modèle à l'heure actuelle. Cette revue de l'ensemble des caractéristiques de l'intervention féministe nous amènera inévitablement à poser de nouvelles questions qui devraient permettre la consolidation de cette pratique alternative d'intervention auprès des femmes.

Pour une définition féministe des problèmes vécus par les femmes

Avoir une conception « féministe » au sens le plus large du terme, signifie que l'on analyse le phénomène de socialisation des petits garçons et des petites filles comme un apprentissage de rôles sociaux rigides, stéréotypés et différenciés selon le sexe, ayant pour but d'inculquer à chacun d'eux des schèmes de comportement précis. Ces comportements appris et valorisés, détermineront, à leur tour, la place qui sera faite aux garçons et aux filles dans toutes les sphères de la vie privée et sociale. Cet apprentissage de la division sexuelle des rôles stéréotypés jette les bases de l'inégalité entre les sexes et vise le maintien des femmes dans une situation d'infériorité et d'oppression se manifestant à tous les niveaux (économique, social, psychologique, sexuel, etc.).

Les stéréotypes sexistes auront inévitablement un impact réel majeur sur l'équilibre psychologique des femmes, car toutes nous devrons à un moment ou à un autre de notre vie faire face à des difficultés personnelles importantes déterminées par notre situation d'oppression sociale et par le carcan des rôles sociaux qui nous sont imposés. Il a été déjà démontré que ces rôles (Chesler 1975 et Levine 1978), principalement ceux de mère-ménagère-épouse, de par leurs aspects limitatifs et insatisfaisants, sont souvent incompatibles avec le développement d'un individu en santé mentale. Les comportements acceptables étant moins nombreux et plus strictement limités dans la sphère de leur rôle que ceux des hommes, les femmes ont en effet une plus grande chance d'avoir des comportements jugés inacceptables ou « maladifs ».

C'est à la lumière de cette conception de base que le courant d'intervention féministe élabore une définition originale des problèmes vécus par les femmes. En faisant ressortir un rapport dialectique déterminant entre la douleur personnelle des femmes et l'oppression politique, autrement dit entre le niveau individuel et le niveau sociopolitique, il n'est alors plus possible d'envisager les problèmes psychologiques des femmes comme ayant leur seule source dans la psyché même des individus concernés. Au contraire, désormais le fait de prendre conscience des origines sociales des difficultés personnelles propres au vécu de chaque femme, conduit maintenant les intervenantes féministes à redéfinir complètement leurs objectifs thérapeutiques et leurs stratégies d'intervention. Voyons maintenant concrètement en quoi consistent ces modifications profondes fondées sur une définition originale des problèmes vécus par les femmes.

Les objectifs visés par l'intervention

La prise de conscience des fondements sociaux de l'oppression des femmes et de ses conséquences sur leur vécu psychique sert de prémisses à l'intervention féministe pour définir ses objectifs. Au cours d'une intervention féministe, *l'objectif fondamental* est de faire prendre conscience aux femmes qui consultent, de leur conditionnement social, des stéréotypes sexuels et des rôles limitatifs auxquels la société les confine, tant au niveau de la famille qu'à tout autre niveau. Comme le dit si bien Susan Amélia Thomas :

> L'essence du système de valeur des thérapeutes féministes consiste en une croyance du potentiel réel des femmes et en une prise de conscience de comment ce potentiel leur a été nié par la domination dans notre société des rôles sexuels stéréotypés (nous traduisons)[4].

À partir de cette compréhension apparaît l'objectif de libérer les femmes des rôles qui les empêchent de réaliser leur potentiel personnel. L'intervention féministe a donc pour but d'agir prioritairement sur la division sexiste des rôles. Ainsi, « la thérapie féministe va donner l'occasion aux femmes et à ceux qui les entourent, d'examiner et de rejeter les attitudes et les valeurs (sexistes) qui prévalent dans notre société hiérarchique et qui déterminent l'oppression et l'exploitation d'une majorité par une minorité. Ce type de conscience nécessite un changement plutôt qu'un ajustement[5] ». Parce que les femmes dans notre société ressentent une dichotomie entre les exigences de féminité et le comportement adulte (Feminist Counselling Collective, 1975), cette contradiction elle-même les place dans une position de perdantes.

> Pour résoudre ce conflit, comme thérapeutes féministes, nous mettons d'abord l'accent sur la façon dont chaque femme a essayé de

---

[4] Susan Amélia Thomas, « Theory and Practice in Feminist Therapy », *Social Work*, novembre 1977, p. 449.

[5] *Ibid*, p. 449.

composer avec cette contradiction. Et nous l'aidons à réaliser qu'elle se trouve dans une position de « perdante » comme premier moment du cheminement pour l'aider à s'en sortir (F.C.C., 1975).

Cet accent mis sur les rôles sexistes, on ne cesse de le répéter chez toutes les intervenantes, est primordial et consacre à la base la particularité et l'originalité de l'intervention féministe par rapport aux types d'interventions conventionnelles (F.C.C. 1975, Klein 1976, Radov et al. 1977).

L'analyse des rôles sociaux étant un élément central à toutes les approches féministes, pour illustrer l'objectif de ce type d'analyse, nous présentons donc une grille développée par Suzan Keller, dans laquelle elle compare les « coûts et bénéfices » des valeurs traditionnelles par opposition aux valeurs féministes. Nous avons choisi cette grille en particulier surtout parce qu'elle correspond à un cadre de référence général et qu'elle a l'avantage d'être simple et schématique. À cet égard, soulignons deux points fondamentaux :

1- Les bénéfices associés aux valeurs traditionnelles ne sont en aucun cas des bénéfices *assurés* aux femmes ; surtout parce qu'ils sont *majoritairement* des bénéfices indirects qui s'obtiennent par l'intermédiaire d'une autre personne, dont la femme devient, par le fait même, dépendante. Les conditions de vie actuelles des femmes représentent, selon nous, la confirmation que ces bénéfices contribuent uniquement à les maintenir dans un état de dépendance et d'oppression et qu'ainsi ils ne constituent aucun avantage réel.

2- En considérant les comportements valorisés pour les femmes du point de vue des féministes, il est possible de voir, à partir de l'objectif fondamental en intervention féministe, comment modifier les rôles sexistes. De là s'articule toute une série de sous-objectifs qui constituent les cibles de changements spécifiques privilégiés par l'intervention féministe, et que nous élaborerons avec plus de précision à la suite de ce tableau.

Se sentir les seules responsables

Nombreuses sont les femmes qui demandent de l'aide pour des problèmes dont *elles* se sentent les seules responsables. Car, dans notre société, les femmes sont traditionnellement responsables des rôles familiaux, des relations interpersonnelles dans la famille et du bonheur de l'unité familiale. Elles portent alors seules le poids de leurs problèmes, de ceux du mari et des enfants. Les intervenantes fémi-

Analyse comparative des coûts et bénéfices des valeurs traditionnelles et féministes*

Valeurs féminines traditionnelles véhiculées par l'idéologie dominante	Bénéfices (non garantis) que les femmes en retirent	Coûts assumés par les femmes
1. Référence à l'homme pour support concret et statut.	Une certaine sécurité économique. Moins de pression pour assumer des responsabilités lourdes et prendre des risques économiques difficiles.	Subordination à l'homme, moins d'autonomie que les hommes, manque de préparation, habiletés non développées pour transiger avec le monde extérieur. Les femmes perdent progressivement du terrain.
2. Vie à travers les autres et pour les autres. Les femmes sont encouragées à se réaliser de façon médiatisée (principalement à travers le mari et les enfants).	Une pseudo-sécurité émotionnelle. Projet tout défini qui donne un sens à la vie d'une femme. La vie émotive intime leur est plus accessible, on permet aux femmes un spectre large d'expressions émotives ainsi : don et réception d'affection et d'amour, expression des anxiétés et des tensions.	Perte d'identité personnelle. Dépendance émotive. Ressentiment par rapport à ceux qui n'ont plus besoin de ses soins. Dépression et affolement s'il n'y a plus personne dont il faut prendre soin.
3. Vie des femmes centrée sur la préservation de la vie soit en la créant directement, soit symboliquement en en prenant soin, guérissant, aidant, secourant le malade, le blessé, le sans-pouvoir, le déshérité. Concrétisation de ceci dans les rôles de mère, enseignante infirmière, travailleuse sociale, serveuse, etc.	Ressources personnelles et sociales à travers le développement de qualités telles que : soutien, support, chaleur, soin, compassion, sympathie, amour, qualités positives en elles-mêmes et utiles socialement.	La fonction sociale des hommes est plus valorisée que celle des femmes et cela tôt ou tard les atteint dans leur estime de soi. Rôle féminin égal n'est pas reconnu socialement, manque de confiance en soi et d'estime de soi.

Analyse comparative des coûts et bénéfices des valeurs traditionnelles et féministes*
(suite)

Valeurs féminines traditionnelles véhiculées par l'idéologie dominante	Bénéfices (non garantis) que les femmes en retirent	Coûts assumés par les femmes
4. Interdiction d'expression, d'affirmation de soi, d'agressivité et de désirs de pouvoir.	Prise en charge et protection par les hommes. Protection, mise à l'abri de l'anxiété reliée au fait de prendre des risques.	Sentiment d'impuissance, dépendance de la bonne volonté des autres pour que justice lui soit faite. Peu de possibilités de développer confiance en soi et détermination.
5. Emphase sur la beauté physique et les capacités érotiques.	Pouvoir « indirect », « subtil » sur les hommes. Beauté, attraction provoquent des réponses favorables de l'entourage. Ceci amène les femmes à s'occuper d'elles et nourrit un certain narcissisme positif.	Pitié envers soi-même. Difficulté à vieillir, crises à prévoir. Sentiment d'infériorité fréquent provoqué par des standards de beauté et de sexualité stéréotypés et irréalistes.

* Suzanne Keller (voir Rawlings, Carter, 1977, p. 68-69), notre traduction et notre adaptation de son tableau.

Valeurs alternatives féministes	Bénéfices garantis pour les femmes	Coûts assumés par les femmes
1. Autonomie psychologique et économique. Avoir les habiletés de se subvenir à soi-même et pouvoir choisir de le faire.	Avoir son propre statut social et professionnel. Développement de ses propres compétences et habiletés. Non-dépendance face à la bien-veillance des hommes.	Pression vers un rendement, malaises, troubles physiques dus au stress.
2. Autodétermination, contrôle sur sa propre vie.	Développement d'une identité propre qui peut s'actualiser. Choix de son style personnel de vie de façon à satisfaire ses besoins de rapprochement et d'intimité. Choix d'un style de vie à partir de plusieurs possibilités. Liberté de donner et servir les autres par choix et non pas en fonction d'attentes prédéterminées. Prise en charge de ses propres besoins avant ceux des autres. Disponibilité plus grande aux autres à partir de besoins personnels mieux satisfaits.	Prise en charge personnelle du dilemme existentiel de donner du sens et de la valeur à sa vie. Anxiété et culpabilité reliées aux apprentissages passés ayant trait à l'oubli de soi pour les autres.
3. Développement de son pouvoir personnel et de toute la gamme de ses habiletés.	Satisfaction accrue dans les relations personnelles et de travail. Contrôle sur sa propre vie. Respect de soi.	Risque de rejet de la part des hommes. Possibilité enlevée de s'en remettre aux autres pour sa protection personnelle.
4. Fierté d'avoir un corps sain et en santé : emphase sur une apparence naturelle.	Expérience de satisfaction dans les activités physiques et sexuelles parce que centrées sur soi.	Perte du pouvoir indirect, subtil sur les hommes, le sexe n'étant plus utilisé dans un sens de manipulation et les standards de beauté étant diminués.

nistes veulent s'attarder, au cours du processus d'intervention, aux dimensions sociales de ces rôles et faire prendre conscience aux femmes que l'insatisfaction et la lassitude ressenties quant à l'accomplissement du rôle « féminin » ne correspondent sûrement pas à une défaillance personnelle. Considérer les limites sociales inhérentes à ce rôle est de nature à tempérer les sentiments d'inadéquation vécus par la femme qui échoue ou qui est insatisfaite d'elle-même. Ces considérations n'enlèvent en rien l'obligation pour les femmes d'assumer, au cours du processus d'aide, leurs attitudes personnelles face aux malaises ressentis. Le fait d'envisager les dimensions sociales de leur oppression ne doit pas les empêcher d'en évaluer les dimensions personnelles et de contribuer à les modifier. Cet objectif, d'ailleurs, sous-tend un processus d'améloration de l'estime de soi.

Apprendre à croire en soi-même

Il est fondamental pour les femmes de reprendre confiance en elles et d'acquérir l'autonomie et l'indépendance nécessaires à tout processus de réalisation et d'actualisation de soi. Cet objectif, *l'estime de soi,* a pour but d'amener les femmes à ne plus définir leur image d'elle-même en fonction de l'idéal féminin. Pour ce faire, il faut redéfinir le contenu de cette image et modifier la source où les femmes puisent leur estime d'elles-mêmes. Traditionnellement, les femmes moulent leur image de façon à répondre, d'une part, aux exigences extérieures, particulièrement celles de leur conjoint et, d'autre part, en fonction de la relation qu'elles ont avec des personnes significatives tels le mari, les enfants, la mère, l'employeur, etc. (Levine 1978).

L'intervention féministe vise à aider les femmes à se définir à partir de ce qu'elles sont et de ce qu'elles font, afin de les encourager à développer une définition autonome d'elles-mêmes, et de ce qu'elles désirent être.

Oser exprimer ses besoins et ses désirs, c'est briser toutes les règles

Les féministes croient qu'il est essentiel pour les femmes de développer leurs capacités d'affirmation inhibées depuis longtemps (Griffith 1975, Russell 1979).

En effet, jusqu'à présent les femmes se sont cantonnées dans des attitudes indirectes, ambiguës, manipulatrices, pour influencer les autres, pour exprimer leurs besoins et pour parvenir à leurs fins. Les femmes ont besoin d'aide et de support concrets au cours de leur démarche de croissance pour réapprendre à exprimer leurs besoins et leurs désirs directement et affirmativement. Aussi, elles doivent apprendre à utiliser positivement leur agressivité latente. Il peut aussi s'avérer nécessaire d'apprendre aux femmes à communiquer des signaux non verbaux congruents avec un contenu et une attitude verbale affirmative. La colère est souvent perçue chez la femme comme un dysfonctionnement, un symptôme ; mais pour les féministes, la colère des femmes est interprétée comme une réponse saine à l'oppression qu'elles subissent et utilisée comme une motivation au changement de valeur (Griffith 1975, Levine 1978, Mundy 1974). En somme, l'agressivité, la compétitivité et la colère doivent être explorées plutôt que condamnées.

Prendre des décisions, ce n'est pas facile

Les possibilités de choisir et de prendre des décisions sont des étapes importantes pour la croissance des femmes et leur accès à l'autonomie. Traditionnellement, les femmes ont été définies comme ne possédant pas, à la fois, le sens des responsabilités et la capacité décisionnelle ; elles ont alors pris l'habitude de se fier à leur entourage (surtout au père, au mari, etc.) pour prendre à leur place les décisions importantes. Il s'avère ainsi qu'un des objectifs les plus importants en intervention féministe est d'apprendre aux femmes à croire en leur propre jugement et à cesser de se soumettre aux solutions et aux décisions apportées par les autres (Klein 1976).

Pour l'intervenante féministe qui travaille à réaliser cet objectif, il s'avère important d'être consciente que ce changement d'attitude et de comportement s'effectue grâce à un long processus d'apprentissage au cours duquel les femmes *peuvent* faire des erreurs et vont avoir besoin de support et de valorisation.

Les femmes et le droit au plaisir

Un autre objectif important pour l'intervention féministe est lié à l'acceptation de son corps et de sa sexualité. Même si à première vue cet aspect peut paraître à plusieurs moins essentiel que les autres, il est d'un point de vue féministe tout à fait erroné de penser ainsi. En effet la perception que les femmes développent de leur image corporelle et de leur sexualité est intimement liée aux sentiments de mésestime de soi, de manque d'autonomie et d'absence de pouvoir qui sont eux-mêmes la conséquence des stéréotypes sexistes qu'elles subissent. L'oppression de la femme n'est-elle pas en grande partie vécue au niveau de sa fonction reproductrice, sa sexualité et la maternité. Car, dans une société où la femme n'a ni indépendance économique, ni reconnaissance sociale, son corps et sa sexualité sont les seules ressources qu'elle possède comme monnaie d'échange, ce qui ne lui permet souvent même pas d'en profiter pour elle-même. Elle doit plutôt se conformer aux normes sociales qui régissent le comportement sexuel pour assurer sa survie économique (Levine 1979, Chesler 1978).

Notre société diffuse un double message aux femmes. D'une part, elle est sale et malpropre, objet de péché même, et ne doit pas susciter le plaisir chez l'homme ; d'autre part, une grande pression s'exerce sur elle afin qu'elle soigne son apparence extérieure, son sex-appeal, dans le but de plaire à tout prix et de devenir l'objet de plaisir de l'homme (Klein 1976). Cette socialisation contradictoire conduit la femme à développer une image conflictuelle de son corps... « être vue à la fois comme propre et sale et à la fois comme attirante sexuellement mais sans sexualité propre » (Klein 1976).

La plupart des intervenantes féministes préconisent un travail de prise de conscience de son corps et de sa sexualité, de même qu'une acceptation de ceux-ci. Le but étant de sortir des modèles normatifs et idéalisés pour parvenir à une vision personnelle et intégrée de sa sexualité, c'est-à-dire accepter son corps, le découvrir et se sentir responsable des deux facettes de sa sexualité : le plaisir et la reproduction.

Changement individuel, changement social, ou les deux ?

Au lieu d'opposer le changement individuel au changement social, les intervenantes féministes insistent sur le fait que l'implication sociale ou le militantisme font partie intégrante du processus d'intervention.

Elles maintiennent qu'il n'est plus possible d'envisager des solutions individuelles aux problèmes des femmes, tant et aussi long-temps que les institutions sociales auront les mêmes fonctions.

Au niveau de la pratique, l'implication sociale et politique doit se faire en groupe et comprend deux modèles d'action différents. Le modèle du *groupe d'action politique* dont la démarche consiste à démarrer avec des objectifs politiques communs pour en arriver à une prise en charge des problèmes individuels. À l'inverse, le modèle du *groupe de conscientisation*, lui, préconise une démarche qui consiste à partager le vécu et les sentiments des membres pour ensuite en arriver à l'analyse et à l'action politique (Gluckstern et Adams 1977). Ce second modèle est, croyons-nous, celui qui est le plus appliqué par les intervenantes féministes américaines.

Même si les intervenantes féministes prônent la nécessité d'un changement social, pour un certain nombre d'entre elles, cela demeure un niveau d'idéal à atteindre, une exhortation et un souhait plutôt qu'une pratique concrète et systématisée. C'est surtout au sujet des moyens et des stratégies à suivre pour arriver à appliquer des objectifs de changement social que nous remarquons la plus grande lacune.

Les outils d'intervention

Pour rencontrer les objectifs ci-haut mentionnés, les intervenantes féministes ont dû développer des stratégies d'intervention nouvelles ainsi que toute une gamme d'outils thérapeutiques. Certains de ces outils sont en référence spécifique à un objectif précis (ex. : l'affirmation de soi) ; d'autres ont évolué à partir des techniques thérapeutiques caractéristiques de certains modèles (ex. : gestalt, psychiatrie radicale, behaviorisme, etc.). L'originalité et l'étendue de ces techniques apportent une certaine richesse à l'intervention féministe mais contribuent aussi à lui conférer une allure éclectique.,

Notre propos actuel ne nous permet pas de présenter un éventail complet de tous les modèles qui influencent l'intervention féministe ; nous allons plutôt nous attarder à démontrer les stratégies d'intervention qui sont originales et spécifiques au courant féministe.

La contribution de base des féministes quant aux stratégies d'intervention concerne particulièrement le rôle de l'intervenant(e). Nous avons identifié les changements fondamentaux en rapport avec cette transformation. Examinons-les un à un.

Démystifier « l'expert »

Le premier changement préconisé concerne la position que l'intervenante occupe par rapport à la personne qui consulte. Fondamentalement, la pratique féministe tend vers la réalisation d'une relation intervenante-cliente non hiérarchique afin de ne pas perpétuer le sentiment d'oppression présent chez elle et pour démystifier le pouvoir professionnel. Cette situation n'étant jamais prise pour acquise et définitive au cours du processus d'intervention, plusieurs moyens doivent être mis en oeuvre pour en permettre la meilleure réalisation possible.

L'action plutôt que l'introspection

Le deuxième changement préconisé nécessite que l'intervenante mette l'accent autant sur l'action que sur l'introspection. Celle-ci doit jouer un rôle actif comme personne ressource pour non seulement amener les clientes à réfléchir, mais faire en sorte que cette réflexion débouche sur des changements concrets dans leurs attitudes et leurs comportements.

Parler comme tout le monde

Les féministes évitent le jargon hermétique qui incite les femmes à abandonner tout contrôle du processus thérapeutique aux mains des spécialistes. En s'exprimant avec un langage clair et accessible, l'intervenante contribue à amoindrir le sentiment d'impuissance et d'invalidité qui, entre autres, empêche les femmes de réellement se prendre en mains.

Divulguer son orientation

L'intervenante féministe doit également divulguer clairement, et ce dès le début de la relation, les fondements et les objectifs de son intervention.

Établir un contrat clair

La cliente se doit d'être impliquée dans la définition des objectifs du processus d'intervention afin d'arriver à définir un contrat clair, conforme à ses besoins. Les paramètres de l'intervention ainsi établis posent les limites du pouvoir de l'intervenante dans l'investigation de la vie privée de la cliente. De même, ce contrat se veut à court terme et peut être constamment reclarifié ou renégocié.

Implication personnelle de l'intervenante

L'intervenante ayant elle-même effectué une démarche féministe, elle doit s'impliquer lorsque c'est nécessaire ou avantageux, avec son vécu personnel de femme aux prises avec le même conditionnement social que sa cliente.

Travailler ensemble

Le travail de groupe est fortement valorisé. Tout d'abord, il permet aux femmes de développer un sentiment de communauté entre elles, de s'entraider dans leur démarche, et la dynamique qui en découle pourra permettre à l'intervenante d'occuper une place de moins en moins prépondérante. Aussi le groupe constitue un lieu de référence et d'appartenance qui peut confirmer et encourager les femmes dans leur effort de changement personnel et collectif.

En somme, la croyance dans le potentiel réel des femmes caractérise les intervenantes féministes et devient un élément central de la pratique féministe qui se traduit dans l'intervention par une attitude positive face aux comportements des femmes.

Notre analyse des différentes pratiques d'intervention féministe

Deux tendances fondamentales : non sexiste et féministe

Que notre présentation des objectifs et des pratiques d'intervention féministe ait pu laisser croire jusqu'à maintenant à une certaine homogénéité, cela va de soi, car il est vrai que l'ensemble des points de vue exprimés relèvent tous de conceptions généralement admises par les intervenantes qui se réclament d'une réflexion sur la condition féminine et d'une pratique auprès des femmes.

L'ensemble des intervenantes acquiesce à cette plate-forme minimale qui dénonce les rôles sociaux traditionnels comme étant responsables de la situation d'oppression faite aux femmes, tant au plan individuel que social. Mais cela ne justifie pas l'uniformisation de l'ensemble de la réflexion et des pratiques, parfois contradictoires, parfois complémentaires, qui ont accompagné et qui accompagnent toujours le développement de la pensée féministe en Amérique du Nord. Car de cette plate-forme non sexiste émerge un éventail élargi de réflexions, de positions, tantôt réformistes, tantôt radicales ; positions et analyses qui témoignent de la caractéristique fondamentale du mouvement des femmes d'être non monolithique et pluriel.

Les pratiques d'intervention étant l'expression concrète des conceptions idéologiques sous-jacentes, l'intervention auprès des femmes porte les caractérisques profondes des réflexions auxquelles elle s'alimente. À ce propos, deux grandes tendances se sont développées à l'intérieur du mouvement d'intervention féministe, soit l'approche non sexiste et l'approche féministe. Toutes deux proposent des rapports égalitaires hommes-femmes, l'abolition du sexisme et de la division sexuelle des rôles et ce, grâce à la réappropriation d'un pouvoir institutionnel. Mais là s'arrêtent les points de convergence entre ces deux approches car si le non-sexisme est contenu dans le féminisme, le féminisme n'est pas nécessairement contenu dans le non-sexisme.

Il est couramment admis que l'intervention féministe (par opposition au courant non sexiste), de par ses fondements analytiques et ses racines dans l'aile plus radicale du mouvement des femmes, tente d'incorporer principalement une vision politique du phénomène de l'oppression des femmes, dans ses façons d'intervenir auprès d'elles et dans les objectifs visés. La dimension politique amenée par l'intervention féministe précise que le rapport de pouvoir homme-femme est directement inscrit dans nos institutions économiques, politiques et culturelles. D'où la nécessité de rechercher un changement à la condition existentielle des femmes par une intervention au niveau individuel et social.

Malgré le fait que les intervenantes « non sexistes » revendiquent un rapport égalitaire homme-femme et dénoncent le rapport d'autorité et de domination, cette dénonciation s'effectue à partir d'une vision individualiste et humaniste du problème, c'est-à-dire qu'elle dépasse rarement la perspective d'un changement individuel au détriment d'une dynamique du changement lié aux conditions historiques, économiques et sociales des femmes.

En somme, l'ensemble des valeurs et des déterminants acceptés par l'approche non sexiste se retrouvent également dans l'approche féministe mais ne la définissent que partiellement puisque celle-ci intègre une conception sociologique et militante plus large et plus engagée socialement que l'approche non sexiste. Mais qu'advient-il de cette conception dans la pratique ?

L'intervention féministe : une intervention en devenir

Pour les intervenantes féministes, il n'est plus possible d'envisager des solutions individuelles aux problèmes des femmes tant et aussi longtemps que les institutions sociales auront pour fonction de maintenir l'oppression des femmes (Adams et Durham, 1977). Cette vision implique que tout changement personnel se trouve irrémédiablement lié à des changements d'ordre social et politique.

Les femmes ayant toujours ressenti leur oppression comme un phénomène isolé, inéluctable, voire naturel, il est essentiel pour les intervenantes féministes de les encourager, de les rendre conscientes des rouages de leur oppression et ainsi de constituer par cette démarche, une force de changement social capable de faire pression sur les institutions pour accéder à un pouvoir et à un savoir dont elles ont été historiquement exclues.

Cette lecture implique que l'intervenante en tant qu'être social, en tant que femme, donc en tant qu'être opprimé, partage avec sa cliente une même condition existentielle. De là, s'établit un nouveau rapport dans l'intervention qui brise le rapport séculaire du dominant—dominé, du savoir—non-savoir, du pouvoir—non-pouvoir. Ainsi naît un nouveau rapport dans l'échange permettant à la théorie et à la pratique d'être en constante interaction et de produire une nouvelle théorie et une nouvelle pratique en perpétuel devenir.

Cette implication personnelle et militante commune des intervenantes et de leurs clientes est une des distinctions majeures entre l'intervention traditionnelle et l'intervention féministe. De plus, elle permet d'enrichir leur compréhension du vécu des femmes et d'envisager des alternatives qui ne sont pas des modèles abstraits et dogmatiques, mais au contraire des solutions respectant le rythme et les besoins de chacune.

S'il est relativement facile d'énoncer des distinctions entre l'approche féministe et l'approche non sexiste, il semble beaucoup plus difficile de cerner les contours exacts et les caractéristiques spécifiques de l'approche féministe. Cette difficulté trouve sa source dans le fait qu'actuellement le mouvement d'intervention féministe est confronté à une certaine incapacité d'énoncer, de concrétiser, dans une pratique réelle et engagée, tant son discours radical que sa pratique révolutionnaire.

À cela nous voyons les raisons suivantes. Tout d'abord, nous constatons que les intervenantes féministes épousent le discours originel des féministes radicales américaines (Kate Millet et Shulamith Firestone, entre autres), et affirment que l'oppression des femmes a existé de tout temps et dans toutes les sociétés. Pour celles-ci, la condition biologique des femmes et leur place centrale dans la reproduction de l'espèce a joué, et continue de jouer, un rôle déterminant dans l'explication du statut d'infériorité réservé aux femmes.

Pour s'assurer le contrôle et la propriété absolue de la force de travail des femmes et de leur progéniture, gage de survie de l'espèce dans le cadre de la filiation masculine, les hommes ont dû instaurer des rapports de domination et de pouvoir, d'abord dans la famille, principal lieu de vie et de travail, puis dans la société en général au fur et à mesure que se développait le processus de travail. Dans leur analyse, les féministes radicales considèrent la division entre les sexes comme plus importante que la division entre les classes sociales. Par conséquent, leur stratégie vise tout d'abord à une transformation des rapports d'oppression hommes-femmes en commençant par les institutions patriarcales de base, soit le mariage et la famille. La transformation des rapports d'oppression vécus au niveau social, politique et économique, s'inscrit dans une perspective à plus long terme et présuppose avant tout des changements dans la famille.

Or, selon nous, l'oppression des femmes n'est pas a-historique, a-temporelle, mais s'est toujours inscrite dans les rapports sociaux de domination qui ont accompagné le développement de nos sociétés. Ainsi l'oppression des femmes n'existe pas en dehors des rapports d'inégalité sociale auxquels la famille participe.

L'éclatement de la famille actuelle, des rapports sexistes sur lesquels elle s'institue, n'est pas gage de libération des femmes. Car nous pouvons assister à la naissance de nouvelles structures sociales qui reprendraient les fonctions essentielles à la survie de l'espèce en s'établissant sur des rapports sociaux sexistes. Les femmes et leur force de reproduction, au lieu d'être la propriété d'un homme, pourraient devenir la propriété d'un État. Au lieu d'assumer la perennité du sang d'un père, elles assumeraient la pérennité du sang d'une société patriarcale, laissant le secteur de la production idéologique, économique et historique aux mains des forces qui ont façonné l'ensemble des structures d'inégalité.

Au cours de la dernière décennie, le nombre des familles monoparentales s'est accru à un rythme sans précédent dans notre histoire. Issues d'une séparation, d'un divorce ou d'une naissance hors mariage, ces familles sont, à 90 %, dirigées par des femmes. Celles-ci, à cause de leur socialisation et de l'absence de toute responsabilité sociale à l'égard de leur progéniture, partagent une condition commune d'extrême pauvreté, d'isolement et de repli sur soi.

Il se forme alors une nouvelle unité familiale constituée du couple femme-État patriarcal. Dans ce nouveau couple, la femme se retrouve, comme au sein de la famille nucléaire, seule à assumer l'ensemble des responsabilités familiales. L'éclatement de la structure familiale traditionnelle où les rôles idéologiques, économiques, étaient dévolus à l'homme donne lieu à l'émergence du couple femme-État patriarcal en raison de l'intervention institutionnelle dans la vie privée des mères et de leurs enfants (par le biais des travailleurs sociaux, des éducateurs, des agents de bien-être, etc.). À la moindre défaillance ou dérogation, elles risquent de perdre tous droits et toute liberté d'agir sur leurs enfants.

C'est pourquoi, nous croyons de plus en plus qu'il est impossible de changer les rapports de pouvoir et de domination hommes-femmes inscrits dans le cadre familial, sans également transformer l'ensemble des rapports de pouvoir dans la société. L'analyse des féministes radicales ne tient pas compte de façon efficace de l'ensemble de ces rapports de pouvoir comme étant des rouages essentiels à la survie de la famille et de la société.

Or, cette vision partielle de l'oppression explique pour une bonne part pourquoi le mouvement d'intervention féministe milite principalement en faveur d'une réforme, d'une restructuration des institutions patriarcales, qui ont toujours empêché la participation réelle des femmes aux prises de décisions déterminantes pour l'avenir d'une société et de ses membres. Ainsi, vouloir sortir les femmes de leurs ghettos en luttant pour une accessibilité égale à l'éducation et au marché du travail, pour une représentation proportionnelle aux instances décisionnelles du gouvernement, des partis politiques, de l'entreprise privée, des syndicats, cela nous semble certes essentiel dans le contexte actuel, mais il faut se garder de voir ces revendications comme une fin en soi. En appliquant sa notion de changement individuel et social aux aspects les plus apparents des inégalités entre les sexes, le mouvement d'intervention féministe ne peut donc rejoindre, au-delà des apparences, les rouages fondamentaux qui ont permis de maintenir durant des siècles l'exploitation des femmes. Ne risque-t-on pas de rendre fonctionnelles et coopérantes, un nombre de plus en plus élevé de femmes qui préfèrent la voie de la marginalité, de la contestation, à celle de la conformité et du silence ? Serait-ce le reflet d'une attitude défensive actuellement au coeur du mouvement féministe dont le but est de préserver les acquis d'une décennie de luttes et de mobilisations en faveur de la reconnaissance des droits sociaux des femmes ? Ou serait-ce dû à l'incapacité du mouvement d'intervention féministe de relier entre eux l'ensemble des rapports inscrits dans le corps social et maternel ?

Conclusion

À cela nous voudrions ajouter, comme d'autres l'ont déjà fait (Russel, 1977), que le courant d'intervention féministe a suscité de nombreux espoirs chez les femmes désabusées et même abusées par les thérapies traditionnelles, mais son manque de tradition et d'expérimentation (il est né il y a à peine dix ans) se reflète tant au niveau de sa spécificité théorique que pratique. Actuellement, ce courant a réussi à s'imposer grâce à sa critique sévère et originale des modèles thérapeutiques pratiqués de longue date auprès des femmes. Cependant, on lui reconnaît un caractère éclectique du fait que les intervenantes féministes ont été formées à des approches thérapeutiques diverses (Gestalt, beheviorale, bio-énergie) et qu'elles essaient d'en préserver les éléments théoriques et pratiques compatibles avec les présupposés idéologiques de l'intervention féministe.

Toutefois, ces emprunts soulèvent en nous une question lorsqu'ils sont fait à des courants thérapeutiques qui se préoccupent si peu d'intégrer une dimention politique et sociale à leur analyse des problèmes de comportement de l'individu. Existe-t-il une réelle compatibilité entre l'intervention féministe et ses options de changement individuel et social d'une part et, d'autre part, une approche thérapeutique qui engage sa cliente dans une démarche d'adaptation aux conditions environnantes en mettant l'accent sur le « je » et le « si tu veux, tu peux » au détriment d'un réel processus de croissance ?

Nous sommes conscientes que la question des emprunts aux différentes approches thérapeutiques mérite d'être davantage approfondie mais cette question dépasse largement notre propos.

En conclusion, nous souhaitons que le mouvement d'intervention féministe développe une théorie et une pratique autonomes qui tiennent compte des acquis et des limites des autres courants thérapeutiques mais réussissent à s'en dégager et à s'imposer comme réelle alternative en santé mentale.

Bibliographie

BENNETT REGAN, Carole, « Feminist Therapy: A New Specialization », *Intellect,* november 1975.

BRODSKY, Annette M., « The Consciousness-Raising Group as a Model for Therapy with Women », *Psychotherapy: Theory, Research and Practice,* vol. 10, n° 1.

BURTLE, V. et FRANKS, V., *Women in Therapy,* N.Y., Brunner-Mazel, 1974.

CARTER, Charlene A., « Advantages of Being a Women Therapist », *Psychotherapy: Theory, Research and Practice,* vol. 8, n° 4.

CHESLER, Phyllis, *Les Femmes et la folie,* Paris, Payot, 1975.

CORBEIL, Janine, « Les paramètres d'une théorie féministe de la psychothérapie », *Santé mentale au Québec, vers une nouvelle pratique,* vol. IV, n° 2, novembre 1979.

ELIAS, Marilyn, « Sisterhood Therapy », *Journal of Human Behavior,* April 1975.

FEMINIST COUNSELLING COLLECTIVE, « Feminist Psychotherapy », *Social Policy,* September-October 1975.

FISHEL, Anne, « What is a Feminist Therapist? And How to Find One », *Ms Magazine,* June 1979.

FREEMAN, Jo., *Women: A Feminist Perspective,* Mayfield Publishing, 1975.

GORNICK, V. et MORAN, Barbara K., *Women in Sexist Society,* Basic Books, 1971.

GRIFFITH, Alison, « Feminist Counselling: A perspective », *Women Look at Psychiatry,* Smith D. & S. David, Vancouver Press Pubs, 1975.

JAKUBOWSKI-SPECTOR, Patricia, « Facilitating the Growth of Women Through Assertion Training, *Counseling Psychologist,* vol. 4, 1973.

JOHNSON, Marilyn, « An Approach to Feminist Therapy », *Psychotherapy: Theory, Research and Practice,* vol. 13, n° 1, Spring 1976.

KIRSH, Barbara, « Consciousness-Raising Groups as Therapy for Women », in BURTLE, V., & FRANKS, V., *Women in Therapy,* N.Y. Brunnel-Mazel, 1974.

KLEIN, Marjorie H., « Feminist Concepts of Therapy out Come », *Psychotherapy: Theory, Research and Practice,* vol. 13, n° 1, Spring 1976.

LEGAULT, Gisèle, « D'une approche féministe auprès des femmes en service social », *Intervention,* n° 57, 1980.

LEVINE, Helen, « Feminist Counseling: A look at New Possibilities », *The Social Worker,* Canadian Association of Social Workers, Special Issue, 1976 and Beyond.

LEVINE, Helen, « On the Frame Work of Women's lives & Feminist Counseling », *The Social Worker,* December 1978.

LEVINE, Helen, « New Directions for Girls & Women: A Look at the Condition of Women in Society and Feminist Counseling », Unpublished Paper, Carleton University School of Social Work, September 1979.

MANDER, A. et RUSH, A., *Feminism as Therapy,* Brookworks, Berkely, 1974.

MARECEK, Jeanne et KRAVETZ, Diane, « Women & Mental Health: A Review of Feminist Change Efforts », *Psychiatry,* vol. 40, November 1977.

PYKE, S.W., « This Solumn is about Women: Feminist Counseling », *The New Frontier Ontario Psychologist,* vol. 7 (1), April 1975.

RADOV, Carol, MASNICK, Barbara et HAUSER, Barbara B., « Issues in Feminist Therapy: The Work of a Women's Study Group », *Social Work,* November 1977.

RAWLINGS, E.I., et CARTER, Diane K., *Psychotherapy for Women: Treatment Toward Equality,* Charles C. Thomas, Springfield, 1977.

RICE, J.K, et RICE, D.G., « Implications of the Women's Liberation Movement for Psychotherapy », *American Journal of Psychiatry,* 1973, 130, 2, p. 191-196.

RUSSEL, Mary, « Feminist Therapy: A Critical Examination », *Le Travailleur social/The Social Worker,* vol. 47, n° 2-3, Summer/Fall 1979, été/automne 1979.

SMITH, Dorothy et DAVID, Sara, *Women Look at Psychiatry,* Press Gang Publishers, Vancouver, 1975.

TENNOV, D., « Feminism, Psychotherapy and Professionalism », *Journal to Contemporary Psychotherapy,* vol. 5, n° 2, 1973.

THOMAS, Susan Amelia, « Theory & Practice in Feminist Therapy », *Social Work,* November 1977.

WALSTEDT, J.J., « Beyond Freud: Towards a New Psychotherapy for Women », *Frontiers,* 1976, vol. 1, n° 3.

WESLEY, Carol, « The Women's Movement & Psychotherapy », *Social Work,* March 1975, vol. 20, n° 2.

WRIGHT, Audrey, « Feminist Therapy: Women as Social Workers, Women as Clients », *Ontario Association of Professional Social Workers* (O.A.P.S.W.), *News Magazine,* 1978, vol. 5.

WYCKOFF, Hogie, « Women's Scripts and the Stoke Econony Steiner », CLAUDE et Coll., *Readings in Radical Psychiatry,* N.Y. Grove Press, 1975.

Expérience d'intervention féministe en psychiatrie

Christine Archambault, Nicole Bernier, Michèle Blanchard,
Maria Chiarelli, Suzanne Cousineau, Francine Nadon,
Louise Rondeau *

> Mon mari m'a emmenée à l'hôpital parce que je criais trop et
> que je ne m'occupe plus assez des enfants.

Diagnostic : désordre de la personnalité.
Plan de traitement : • hospitalisation d'une durée de 2 semaines.
                       • pharmacothérapie : Surmontil
                          25mg. b.i.d. ; 75mg. h.s. ;
                          Multivits un comprimé une fois par jour ;
                          Dalmane 30mg. h.s.

Extrait d'un témoignage d'une participante à l'intérieur d'un groupe
en santé mentale.

Ce texte est une première ébauche d'un travail de groupe ayant pour
but de sensibiliser des intervenantes de d'autres milieux à l'approche
féministe en santé mentale. Nous vous livrerons l'essentiel de notre
démarche d'intervention en milieu institutionnel. Nous restons toutefois conscientes des limites de cette publication dans la mesure où

---

* Intervenantes féministes, Centre de psychiatrie communautaire, Centre
hospitalier Douglas

celle-ci ne trace que les grandes lignes de notre travail et ne vise pas une explication approfondie.

Dans un premier temps, nous présenterons l'essentiel de notre démarche d'intervention de groupe, et nous définirons la clientèle cible du travail de groupe. Enfin, nous élaborerons un bref retour sur notre pratique et tenterons de dégager des pistes d'étude.

« Qu'est-ce qu'on fait asteure ? » Tel fut le point de départ de notre intervention de groupe auprès des femmes psychiatrisées. Au terme du colloque « Femmes et folie », nous nous sommes retrouvées six intervenantes confrontées à une remise en question de l'approche traditionnelle en santé mentale et surtout marquées par la dénonciation des pratiques médicales et psychiatriques que subissent les femmes. Ainsi, cette prise de conscience de l'oppression vécue par les femmes nous amena à redéfinir radicalement notre pratique.

C'est plus précisément en jetant un regard critique sur notre façon de travailler, en constatant les répétitions de situations de crises, l'échec des follow-up interminables, l'augmentation incessante de la médication, que s'est tracé notre projet d'intervention de groupe féministe. Nous en étions rendues à une étape où il fallait sortir du piège de faire passer un discours de collectivisation dans une pratique de face à face et où nous étions d'autant plus fixées comme thérapeutes-expertes et les patientes comme des personnes sans ressources, sans pouvoir.

Le défi auquel nous étions confrontées se résumait à ceci : Comment parler aux femmes en termes de « se reprendre en main », « reprendre contrôle de sa vie », en créant des liens personnels avec d'autres femmes, comment détruire le mythe auquel elles ont toujours cru, être responsable comme individu de sa condition ?

Comment parler d'une lutte qui ne peut se faire seule mais en solidarité avec d'autres femmes ? Finalement comment présenter ce discours à l'intérieur d'une relation « thérapeute professionnelle » et patiente aidée... ?

Ainsi, il devenait pressant de regrouper les femmes afin qu'elles redéfinissent leur situation, non plus en termes de malades (ce qu'elles ne sont pas), mais en termes de discriminées, de réprimées et d'opprimées.

Nous souhaitions également que ces groupes soient un lieu où les femmes, en se supportant, puissent développer leurs possibilités d'action et agir sur leurs conditions de vie. Ainsi, à partir d'une analyse féministe, nous voulions aider les femmes à analyser les raisons de leurs consultations psychiatriques et à trouver d'autres solutions à leurs problèmes que la fréquentation du réseau psychiatrique.

Caractéristiques de la clientèle

L'intervention de groupe féministe que nous relatons s'échelonne sur une période de six mois. Elle a touché une cinquantaine de femmes mariées, séparées, célibataires, de tous les âges, venant principalement de milieux populaires. Les femmes ayant reçu au total 22 diagnostics différents étaient médicamentées pour la plupart depuis leur première consultation, c'est-à-dire, pour plusieurs d'entre elles, depuis plus de vingt ans. (Nous avons calculé que l'on avait prescrit à une seule femme 1 749 337mg de tranquillisants majeurs et mineurs). Par ailleurs, l'étude du dossier de ces femmes nous a permis de constater que l'évaluation du diagnostic était rarement précédée d'une modification majeure des symptômes présentés par la patiente. Par exemple, un diagnostic pouvait se lire comme suit : « réaction dépressive situationnelle » et devenir plus tard « personnalité bipolaire »!, bien que cette patiente présente les mêmes problèmes et de la même façon.

Enfin les observations accompagnant l'évaluation du diagnostic soulignaient davantage l'incapacité de la patiente à s'adapter au traitement que l'inadéquacité de ce dernier à modifier de façon déterminante le vécu de la patiente.

L'étiquette de patiente psychiatrique peut laisser croire qu'il s'agit de femmes sérieusement perturbées, ou ayant des comportements pathologiques graves. Le premier pas de notre démarche fut justement de situer ces comportements à un tout autre niveau d'explication. Nous y avons vu des femmes portant sur leurs épaules le poids de leur viol, de leur inceste, de l'alcoolisme du mari, de la délinquance des enfants, et tout simplement le fait d'être mère, de s'ennuyer et de vouloir autre chose. Ainsi, la consultation psychiatrique était pour ces femmes l'unique moyen de pousser un cri de révolte face aux rôles qui leur sont socialement attribués : oubli de soi, servitude dans les fonctions de mère, d'épouse, d'amante et de ménagère. Cependant, et bien tragiquement, le piège de cette révolte est qu'elle doit s'accompagner de folie, de peur, de dépendance, de culpabilité et dans des situations extrêmes d'élimination de soi ou de l'entourage immédiat.

Déroulement des groupes

Nous avons donc invité ces femmes à participer à des rencontres de groupes. Dès la première rencontre, il fut spécifié qu'il ne s'agissait pas d'un café-rencontre, mais d'un groupe de travail poursuivant des objectifs très précis. À notre demande, et afin d'éviter tous discours et messages contradictoires, les thérapies individuelles furent interrompues. Parallèlement à cette demande, nos positions féministes furent ouvertes, discutées et, de façon surprenante, très bien reçues. Les groupes se sont échelonnés sur une période approximative de 15 semaines à raison d'une rencontre de trois heures par semaine.

Thèmes

Différents thèmes élaborés à partir des objectifs de changement des participantes furent abordés.

Mère, épouse, ménagère, amante

La discussion à partir de ces sujets permit non pas de vérifier les aptitudes des participantes dans ces rôles, mais d'en dénoncer les fondements, c'est-à-dire la servitude et l'oubli de soi. On analysa cet état de mère qu'on dit naturel, afin de le ramener à ses conditions spécifiques d'apprentissage. De plus, il fallut apprendre à mettre des limites à ces rôles et à développer d'autres secteurs d'intérêts.

Concernant leur corps et leur sexualité, les femmes des groupes ont pu, dans un premier temps, y exprimer toute leur ignorance, peur, mépris, dégoût. Cette expression permit de saisir très rapidement « qu'on ne vient pas au monde en se trouvant dégoûtante » mais qu'il existe un conditionnement psycho-social, sexuel, spécifique à la femme et déterminant sa pratique sexuelle.

L'information critique, dénonciatrice des mythes et tabous sexuels permit, non sans peine et sueurs froides, que les femmes du groupe examinent leur corps, sachent le nommer et l'utiliser comme source de plaisir.

Image de soi, système médical, viol, avortement, séparation-divorce, travail, publicité, ressources communautaires

Ces thèmes furent importants pour conscientiser les participantes sur tous les aspects de l'oppression et de la discrimination faites aux femmes.

Une critique approfondie de l'éducation, du système familial et médical, nous a permis d'identifier les mécanismes subtils qui maintiennent les femmes dans un état d'aliénation. Par exemple, à l'intérieur du système médical nous avons étudié le processus de médicalisation du vécu biologique naturel de la femme (menstruation, grossesse, ménopause), et dénoncé la pratique abusive de la médecine sur nos corps (hystérectomie, ligature des trompes, etc.). Compte tenu de l'expérience des participantes dans le monde de la psychiatrie, il fut analysé comment ce système les ramène aux rôles et fonctions dont elles tentent, d'une certaine façon, de se défaire.

Des considérations particulières furent accordées aux problèmes du viol, de l'inceste et de l'avortement. De baisser le rideau de la peur, de la honte et de la culpabilité fut très libérateur pour ces femmes acculées jusqu'à maintenant à « porter leur croix » en silence. Les notions d'abus de pouvoir, d'absence de contrôle de son propre corps, de sa vie, permirent aux participantes de situer leurs cibles quotidiennes d'aliénation, et d'établir parallèlement leurs priorités de vie. Comme l'exprimait une participante, « Je voudrais bien un chum, mais pas n'importe qui, et surtout pas à n'importe quel prix ! ».

Se sont insérées à notre démarche de groupe des séances d'informations sur les procédures de séparation, divorce, pension alimentaire, retour sur le marché du travail. Ces informations critiques permirent à plusieurs femmes d'entreprendre des procédures jusqu'à maintenant restées en veilleuse faute de réponses simples, claires et surtout pas neutres.

Se sont ajoutées également à nos rencontres des discussions sur la publicité sexiste et son impact sur le rapport à notre corps, à notre image de soi. Ce sentiment d'imperfection fut partagé, et surtout reconnu comme étant le résultat d'une imposition de normes mâles.

L'information sur les ressources communautaires existantes pour les femmes a marqué la clôture des groupes. Ces renseignements également fournis au cours des rencontres avaient pour buts de sensibiliser les participantes aux actions du mouvement féministe, de favoriser chez elles le développement d'un secteur d'intérêt en dehors du réseau familial, et surtout de favoriser la transition à des groupes communautaires qui n'ont pas d'étiquette psychiatrique.

Outils de travail

Des textes, des invitées, des films vidéos furent des outils importants dans le déroulement de nos groupes. Chaque rencontre était précé-

dée d'« un devoir à faire à la maison » servant ainsi de base de préparation. Ces travaux simples (tels qu'écouter une émission de télévision, observer les annonces publicitaires) furent très précieux comme
outils d'apprentissage et de conscientisation.

La discussion orientée fut notre outil d'intervention privilégié.
À partir des thèmes fondés sur le vécu des femmes, il s'agissait de
susciter une question sur les stéréotypes de bonne mère, bonne
épouse, bonne amante et de semer le doute sur le bien-fondé des
mythes, croyances populaires et religieuses (par exemple, l'amour
maternel est inné, la sexualité, c'est péché). Il fallut également faire
éclater les évidences du genre « je suis née comme ça », « il faut se
donner aux enfants ». Des prises de position claires de notre part
furent un atout insoupçonné pour inciter les femmes à reconnaître
et dénoncer l'intolérable de leur vécu.

De l'information sur la sexualité fut requise et des situations
d'apprentissage par jeux de rôles nécesaires afin d'obtenir des modifications de comportements face à certaines situations. Afin d'assurer la continuité de cette démarche, il nous fallait continuellement
ramener à un niveau collectif tout problème, aussi individuel et spécifique soit-il, que pouvaient le croire les participantes. Ainsi nous
étions donc particulièrement attentives aux changements miraculeux
inexplicables et aux manifestations telles que : « moi c'est pas
pareil », « c'est rien qu'à moi que ça arrive ».

Bilan

Pour évaluer l'impact de notre intervention auprès des participantes,
nous avons situé leur état de dépendance face au système médical
et familial. Certes, cet état de dépendance est parfois difficilement
quantifiable, mais il nous a été possible d'identifier quelques changements significatifs.

Suite à la démarche du groupe, les femmes ont appris à reconnaître les situations d'oppresssion et à répondre à celles-ci en allant
chercher des ressources autres que psychiatriques telles : la participation à d'autres groupes, le retour sur le marché du travail, la
relaxation. Ainsi, une distance face au monde médical s'est traduite
de la façon suivante :
— Pendant le déroulement des groupes, deux femmes ont été hospitalisées pour une très courte durée (3 jours).
— Au niveau de la médication, 41 % des participantes l'ont cessée,
43 % l'ont diminuée, 16 % ne l'ont pas modifiée.

— En ce qui concerne le follow-up, 65 % des participantes n'ont plus de suivi psychiatrique, 20,7 % ont eu un suivi après le groupe et ce, en raison de situations difficiles spécifiques (séparation, mort du conjoint, etc.)

— Enfin, 14,3 % des participantes, malgré certains changements pendant les groupes, ont demandé un retour inconditionnel aux entrevues individuelles. À noter que ces femmes étaient les plus institutionnalisées.

Deux participantes se sont séparées durant la période des groupes. De pouvoir transgresser leurs peurs d'être seules, d'être financièrement plus dépourvues et d'avoir à réorganiser leur vie sociale furent des étapes qu'elles ont vécues, partagées et franchies au sein du groupe.

Au niveau de l'ensemble des participantes, nous avons pu noter des modifications dans leurs attitudes de servitude, dans leurs rapports sociaux et dans leurs situations économiques. Ainsi, la plupart des femmes des groupes sont devenues moins responsables des autres membres de leur famille, leur reléguant, non sans une certaine culpabilité, leur propre organisation de vie. Ces changements se sont traduits par des modifications du train-train quotidien si aliénant comme : laver les cheveux de son époux, lui préparer quotidiennement son bain, faire régulièrement 3 ou 4 menus par repas pour satisfaire les goûts de chacun.

La prise de conscience de ces rapports de servitude a permis aux femmes de réaliser que cette fonction de service déterminait leur vie sans pour autant satisfaire leurs besoins et désirs personnels. Par conséquence plusieurs d'entre elles se sont risquées à avoir une vie plus différenciée du cadre conjugal et familial. Qu'il s'agisse de sortir avec son amie de femme même si le conjoint est à la maison, d'émettre une opinion différente de ce dernier, ou de s'inscrire à des cours, ces femmes recherchaient toutes à leur façon (et surtout selon leurs moyens) comment reprendre contrôle sur leur vie.

Évidemment le cul-de-sac de la dépendance économique est vite intervenu. Pour quelques-unes d'entre elles, la réponse fut de reprendre les études ou de retourner sur le marché du travail. Pour d'autres, il fallut entamer des négociations avec le conjoint pourvoyeur, c'est-à-dire : accès et part active dans l'élaboration du budget, avoir son propre compte de banque, faire des chèques, même des achats sans demander la permission !

Il va sans dire que les limites des alternatives à la dépendance économique des femmes ont été nommées, discutées mais non dépassées. À cette dépendance, se sont greffées pour plusieurs participantes des difficultés énormes à se voir effectivement seule et capable d'une organisation de vie adéquate. De plus, s'ajoutait à la lourdeur de cette démarche, une absence totale dans leur environnement social d'exemples de femmes ayant d'abord fait une démarche vers plus d'autonomie et étant sorties gagnantes de ce cheminement.

Enfin, les apprentissages et conditionnements sociaux renforcés par les multiples consultations psychiatriques, la présence de contraintes au sein du milieu, freinaient quotidiennement leurs efforts pour devenir plus autonomes.

Pour nous, en tant qu'intervenantes, de constater cette réalité nous a obligées à exercer un retour critique sur les moyens que nous souhaitions voir prendre par les femmes afin d'atteindre les objectifs fixés au sein du groupe. Nous nous retrouvons confrontées à l'écart entre les concepts de la théorie féministe (fort idéaliste) et l'applicabilité de cette dernière au sein du vécu des femmes.

Où se retrouvent alors les principes d'autonomie financière, de rapports égalitaires hommes-femmes et de solidarité, lorsque pour une femme un changement s'inscrit dans une sortie hebdomadaire avec une amie, après des années d'isolement et de peur?

Ainsi, il nous fallait réajuster nos attentes aux possibilités de changements des femmes et les reconnaître comme étant des pas significatifs.

Enfin, il est important de définir le cadre dans lequel se situe notre intervention. Comment l'intervention féministe a-t-elle pu s'inscrire au sein d'un milieu, d'une institution, qu'est le milieu hospitalier? Il va sans dire que dans un premier temps le milieu a été en réaction à notre organisation de groupes féministes. L'indifférence et le silence ont fait place à des demandes de références de la part des autres intervenants. Il ne faut toutefois pas se leurrer puisque nous offrions dans les faits une possibilité de se débarrasser d'une clientèle dite « plate » et non valorisante. Lors des séances d'information, le contenu dénonciateur de notre intervention et l'appel à une révision des pratiques psychiatriques faites aux femmes ne furent reçus que par quelques intervenants. Et pour ce qui est des autres, le tout nous fut retourné sur un ton paternaliste bien connu : pouquoi êtes-vous contre nous?

Il est clair qu'après plus d'un an de pratique féministe, nous ne pouvons parler d'alliance concrète avec l'institution. Il serait plus juste d'affirmer que nous sommes un groupe minoritaire toléré, parce que peu menaçant pour les structures réelles du pouvoir.

Cependant nous croyons que l'alliance potentielle avec les femmes participantes des groupes est un outil considérable qui s'inscrit au sein d'une stratégie visant au changement des structures de pouvoir du secteur médical.

Ce n'est que lorsque les femmes cesseront leurs multiples consultations et reprendront le contrôle de leur santé que nous pourrons assister à une modification fondamentale des pratiques médicales.

La dépression et les femmes en milieu populaire

Sheilagh Hodgins *

Les interventions auprès des femmes

Être femme dans la société d'aujourd'hui, c'est très souvent vivre dans la souffrance. C'est quotidiennement cotoyer la discrimination. C'est développer des relations intimes difficiles entre hommes et femmes. C'est tenter d'échapper aux stéréotypes de la « bonne » épouse et de la « bonne » mère. C'est tenter de défaire le plus possible les rapports de domination que la société patriarcale a institués et cherche à maintenir sur nous.

Même si les scientifiques font de la recherche sur les femmes, on a l'impression qu'ils ne les comprennent pas beaucoup, qu'ils ont du mal à les saisir dans leur neurophysiologie, leur système endocrinien, leurs maladies spécifiques, leur psychologie... Ils ont parfois négligé toute recherche en rapport avec leurs corps, leur comportement, leurs attitudes, leurs sentiments, leur personnalité.

Les modèles d'intervention thérapeutique auprès des femmes ne sont pas à l'abri de ces critiques. En plus des principes élémentaires d'intervention qui sont souvent absents, ils révèlent leur profonde méconnaissance des femmes et de leurs besoins fondamentaux, autant

---

* Psychologue, enseignante, École de service social, Université de Montréal

au niveau des théories explicatives de leurs souffrances psychologiques que des programmes d'intervention qui les supportent. Faudrait-il se gêner pour dénoncer le sexisme de toutes ces théories ?

Le modèle d'apprentissage social de Bandura (1976) est sans doute acceptable d'un point de vue théorique, mais il porte lui-même au sexisme dans son application (Julien, Chamberland, Dufresne, Théorêt, Nantel, Matteau, Hodgins, Nadeau, Simard, Arseneau et Laurendeau, 1981). En effet, ce modèle suggère que les symptômes des désordres psychiques sont appris de la même façon que les autres comportements, attitudes et sentiments. En mettant l'accent sur l'environnement de l'individu comme source déterminante de ses pensées, de ses attitudes, de ses sentiments et de ses comportements, ce modèle nous fait saisir l'importance du discours traditionnel envers les femmes, car le processus traditionnel de socialisation les confronte à une réalité de vie quotidienne où elles sont perçues et considérées comme des citoyennes de deuxième classe.

Les interventions auprès des personnes pauvres

Plusieurs traits psychologiques tels l'impuissance, la frustration, le désespoir, le stress continuel par rapport à la satisfaction de ses besoins primaires caractérisent l'état de pauvreté des plus démunis. Les gens de milieu défavorisé présentent également les taux de maladies physiques (Siemiatycki [1]) et mentales (Bagley, Jacobson et Palmer, 1973 ; Dooley et Catalano, 1980 ; Gibbs, 1980) les plus élevés de toute la population. De tels résultats ressortent de sondages réalisés auprès de la population en général et non de clientèles de gens en besoin d'aide.

Même si elles sont très nombreuses à souffrir, les personnes pauvres ne constituent pas une catégorie de la population qui consulte énormément les professionnels en vue de régler leurs problèmes d'ordre psychologique (Lorion, 1978). Et quand elles le font, elles ne reçoivent pas le traitement approprié, car les thérapies traditionnelles ont été conçues et développées de façon à rejoindre les clients de classe moyenne, instruits, capables de verbaliser facilement leurs problèmes et de raconter leur vie intime et personnelle.

Le modèle d'apprentissage social de Bandura fournit une lueur d'espoir à toutes ces personnes. Loin de reposer sur la capacité de

---

[1] Jack Siemiatycki, *Living Conditions and Health with Special Reference to Low Income Areas of Montreal*, texte inédit, Clinique communautaire de Pointe-St-Charles, 1971.

communication orale de la personne consultante, le modèle est fondé sur la capacité de l'intervenant à saisir la réalité de vie concrète de la personne qui consulte en rapport avec la classe sociale à laquelle elle appartient.

La dépression [2]

Tout le monde ressent un jour ou l'autre la dépression, mais nous voulons nous attarder ici sur la dépression dite clinique. Dans le tableau suivant, nous présenterons les principales caractéristiques d'une femme qui souffre de dépression clinique (Robert et Lamontagne, 1977, p. 299).

Les caractéristiques de dépression chez une femme

Tristesse pathologique : - pleurs, gémissements
- masque de tristesse

Douleur morale : - perte d'estime de soi :
- auto-dépréciation
- incapacité
- indignité
- auto-accusation
- auto-punition
- sentiment de désespoir
- hypocondrie
- idées suicidaires
- anxiété : agitation ou stupeur
- thèmes délirants :
- frustration
- négation
- hypocondrie

Ralentissement psychique : - diminution du champ de conscience
- diminution des processus idéatoires
- difficultés de concentration
- troubles de la mémoire

[2] Il faut bien noter que nous ne parlons pas ici de la maladie maniaco-dépressive unipolaire ou bipolaire ni d'une dépression d'involution ou post-partum.

- lassitude morale, perte d'intérêt,
  repli sur soi
- ralentissement des pulsions
  instinctuelles

Ralentissement moteur : - aspect figé :
- mimique
- posture
- rareté des propos, voire mutisme
- fatigue

Ralentissement organique : - perte d'appétit
- perte de poids
- insomnie
- algies diverses
- constipation
- sécheresse de la bouche

En conséquence, le portrait-robot d'une femme à la fois pauvre et déprimée, c'est celui d'une femme, au demeurant peu active, repliée sur elle-même, qui vit à la maison, mange peu, dort mal, se sent triste et coupable de la situation, se blâme et s'auto-punit et n'entrevoit aucune solution à ses problèmes.

Les explications de la dépression

Comme on l'a souligné, les théories et thérapies traditionnelles tiennent peu compte du sexe, du rôle social et de la classe sociale des clients ; elles n'aident en aucune façon les femmes de milieu défavorisé à résoudre leurs problèmes (Lorion, 1978). Le modèle de départ que l'on retient ici est celui de l'apprentissage social, car c'est lui qui s'est avéré le plus utile dans la résolution de certains types de problèmes auprès de certains types de clientèle (Kazdin et Wilson, 1978). Et on va tenter d'élaborer un modèle d'intervention qui peut aider les femmes pauvres et déprimées à ne plus se sentir tristes et à vivre plus intensément leur vie.

Dans le cadre de la théorie de l'apprentissage social, on peut formuler trois explications différentes et complémentaires de la dépression. On peut parler d'un manque de renforcements positifs, d'un sentiment d'impuissance, d'erreur de pensée logique.

1 — Lewinsohn (1974) est d'avis qu'un individu développe un état dépressif, quand il ne reçoit plus de renforcements positifs. Trois facteurs peuvent être à la source de cette carence.

a) L'individu déprimé n'a pas les caractéristiques personnelles et les habiletés sociales qui attirent l'attention d'autrui. La fille mince qui correspond aux modèles « Playboy », qui s'abille de manière « sexy », qui sait danser, attire les compliments, reçoit des invitations des garçons et vit dans son cercle d'amis, etc.

Le corollaire de cette situation est également vrai. La femme légèrement grassouillette, qui ne suit pas la mode de son temps, qui n'a pas les allures de la charmante hôtesse de « Châtelaine », vit plutôt isolée, retirée dans son coin.

Elles sont légions les femmes qui sont pénalisées parce qu'elles ne sont pas des incarnations vivantes des stéréotypes féminins. Et combien d'entre elles ont des alternatives à de telles images ? En général, les femmes sont socialisées pour répondre aux besoins des autres mais très peu à leurs propres besoins. Elles sont le plus souvent dépourvues des habiletés sociales nécessaires qui leur permettraient de recevoir des renforcements positifs.

b) D'autre part, on peut supposer qu'un individu qui vit dans un état dépressif est psychologiquement coupé des renforcements positifs que l'environnement pourrait lui fournir. Vu sous l'angle des classes sociales, l'environnement d'un individu riche est peut-être plus stimulant que celui d'un individu pauvre au niveau des possibilités de vacances, de voyages, de repas, de repos... D'un autre point de vue, le rôle traditionnel de la femme comme épouse et mère contient peu de renforcements positifs. C'est pourquoi, à notre avis, une femme pauvre souffre doublement d'un manque de renforcements positifs (en tant que femme et en tant que personne pauvre).

c) Enfin, quand un individu est déprimé il ne ressent que très peu de joie des différents événements de sa vie qui, en d'autres circonstances l'auraient gratifié. Pour des raisons biologiques, psychologiques et sociales encore inexpliquées, il existe peu de renforcements potentiels capables de faire bouger émotivement la personne. La socialisation d'une fille en milieu défavorisé est sans doute limitée ; les types d'activités auxquelles elle pourrait s'adonner sont plus restreints et risquent de ce fait de la maintenir dans son état dépressif.

Normalement, l'entourage renforce chez la personne déprimée les comportements qui reflètent son état dépressif au lieu de renforcer des attitudes ou pensées qui ne traduisent pas de dépression. Celle-ci reste donc déprimée.

2 — Seligman (1974) propose une deuxième explication de la dépression, à savoir que l'individu déprimé a appris à devenir impuissant en vertu même de ses propres expériences. Chaque effort qu'il a accompli pour améliorer sa vie s'est transformé en conséquences

négatives. À la fin de ce processus, la personne se rend compte qu'il ne vaut plus la peine d'essayer et que de cette façon, la souffrance est moins grande.

Ce sentiment d'impuissance atteint d'autant plus les femmes et les personnes pauvres que l'on vit dans une société qui prône une morale de la réussite par l'effort. Il importe donc de faire comprendre aux uns et aux autres que leur impuissance dans cette société ne provient pas d'eux comme individus mais de la structure sociale dans laquelle ils vivent. Il faut dire que les femmes qui sont incapables de relier leur sentiment d'impuissance à leur sexe et à leur classe sociale ont tendance à perdre davantage leur estime de soi et à devenir plus déprimées.

3 — L'erreur de pensée logique constitue la troisième explication de la dépression. En étudiant le comportement d'individus déprimés, Beck (Beck, Rush, Shaw et Emery, 1979) a dépisté plusieurs erreurs de pensée logique que ces derniers commettaient régulièrement. Vues sous l'angle des femmes, les erreurs de pensée logique sont une façon d'évaluer leur réalité de vie, pour en conclure qu'elles sont stupides, incompétentes, non aimables, laides et responsables de toutes les tragédies et de toutes les souffrances qui les entourent. Évidemment, si telle est leur manière de penser, il ne faut pas se surprendre qu'elles se sentent déprimées.

La femme déprimée de milieu défavorisé

Michelle est une femme pauvre. Elle a élevé quatre enfants ; les deux derniers restent encore à la maison. Depuis des années, elle est soucieuse. Elle n'a jamais d'argent pour sortir, même pas pour aller jouer au bingo. Elle ne lit pas beaucoup, elle trouve ça trop difficile et trop cher. Quand son mari est là, il ne s'occupe pas d'elle, il regarde les sports à la télévision. Elle veut le laisser ; il ne lui donne rien.

Elle vit dans la détresse et l'isolement. Elle ne s'est jamais occupée d'elle-même. Elle se demande pourquoi elle ne peut pas être heureuse comme épouse et mère. Elle a peur de perdre son mari ; elle pense qu'elle n'est plus assez belle pour attirer un autre homme. Elle n'aime plus faire l'amour. Elle n'a jamais travaillé à l'extérieur du foyer. Et si elle apprenait à développer les habiletés nécessaires, il est douteux qu'avec le taux de chômage actuel, elle puisse se trouver un emploi !...

Le manque de récompenses, le sentiment d'impuissance devant l'action, l'absence de vision alternative, la fausse croyance de sa responsabilité dans cette situation l'amènent à développer une façon de penser qui la maintient dans un état dépressif.

Elle ne veut plus laisser son mari. Elle pleure tout le temps. Elle mange peu. Elle ne sort pas. Comment peut-on l'aider?

L'intervention

Pour que l'intervention auprès d'une femme déprimée de milieu populaire soit efficace, il importe de considérer deux étapes. La première étape consiste en ce qu'on appelle la thérapie cognitive, c'est-à-dire en une intervention dirigée directement contre les symptômes de la dépression. La deuxième étape, une fois que la femme se sent moins déprimée, inclut un processus de conscientisation par rapport à son sexe et à sa classe sociale afin qu'elle sache qu'elle n'est pas personnellement responsable et coupable de cet état de choses, et pour l'aider à se protéger contre d'autres dépressions possibles.

La première étape, conçue en vue d'éliminer les symptômes actuels de la dépression, inclut quatre démarches [3]. On commence d'abord avec une analyse behavioriale des milieux fréquentés par l'individu, afin d'identifier les événements qui maintiennent les comportements et les sentiments de l'état dépressif. Puis on aide la femme à augmenter graduellement ses activités et sa motivation, en s'assurant qu'elle recevra les renforcements positifs dont elle a besoin. Quand la femme devient plus active face à elle-même et à sa vie, on l'aide à travailler au niveau de ses pensées. On identifie avec elle les erreurs de logique par lesquelles elle se blâme pour tout, puis on l'aide à être plus réaliste en évaluant sa réalité. Finalement, en fonction des besoins manifestés par l'individu, on lui enseigne de nouvelles habiletés sociales, on l'aide à s'affirmer, ou à apprendre comment négocier dans les situations de conflits, afin de satisfaire d'abord ses besoins.

Après cette première étape de l'intervention, il est fort probable que la femme ne se dira plus déprimée, et qu'elle n'apparaîtra plus non plus comme telle aux yeux des intervenants. Mais ce beau tableau risque de cacher un important piège. En effet, la femme dans notre culture n'appartient pas à la classe privilégiée. Elle est le pro-

---

[3] Pour une explication détaillée de cette forme d'intervention, voir Beck et al., 1979.

duit d'une éducation sexiste, qui favorise les garçons et handicape les filles. Elle vit dans un univers qui en général renforce les hommes, mais pénalise les femmes. Il y a donc fort à parier que la femme, qui n'a vécu que la première étape d'intervention déjà mentionnée, demeure susceptible d'être à nouveau déprimée, lorsqu'elle se retrouvera confrontée à la position inférieure des femmes dans notre société. Ceci bien sûr est un problème collectif, et non plus individuel ; il touche l'ensemble des femmes. Voilà pourquoi il demande un regroupement des femmes, afin de se conscientiser et de travailler ensemble à faire, non pas l'auto-critique de chaque femme mais la critique d'une société qui maintient les femmes dans la dépression. C'est la seconde étape de l'intervention.

Évidemment, dans la réalité, les deux étapes sont moins divisées qu'elles ne le sont, présentées ici. Par exemple, le discours de la thérapeute est toujours critique. Dans la première étape de l'intervention, en aidant la cliente à commencer des activités, la thérapeute ne l'encourage pas à devenir la bonne femme passive du foyer. Elle l'aide plutôt à trouver des activités, un style de vie qui, pour elle, a un sens, donc qui augmente son estime de soi.

La première étape qui est proposée ici a été évaluée avec des clients déprimés, hommes et femmes américains. L'intervention s'est avérée plus efficace que les antidépresseurs (Beck et al., 1979). C'est la première fois qu'une thérapie non biologique a été démontrée comme étant plus puissante qu'une thérapie biologique. Les résultats de cette évaluation rigoureuse sont encourageants, mais nous démontrent aussi que pour réussir avec les problèmes de dépression, il faut faire de la recherche de façon méticuleuse pendant des années. Seul un travail minutieux nous fournira une compréhension et un savoir faire sur comment éliminer une telle souffrance. De plus, de telles recherches nous fournissent les informations qui nous permettent d'instaurer des programmes préventifs, afin par exemple que les femmes apprennent à se regrouper, non plus après une dépression, mais afin de l'éviter.

Bibliographie

BAGLEY, Christopher, JACOBSON, Solomon et PALMER, Claire, « Social structure and the ecological distribution of mental illness, suicide and delinquency », *Psychological Medicine*, 1973, 3, p. 177-187.

BANDURA, Albert, *L'Apprentissage social*, Dessart et Mardaga, Bruxelles, 1980.

BECK, A.T., RUSH, A.J., SHAW, B.F. et EMERY, G., *Cognitive Therapy of Depression*, Guilford Press, New York, 1979.

BERGIN, A.E. et LAMBERT, M.J., « The evaluation of therapeutic outcomes », in SOL L., GARFIELD & A.E. BERGIN, *Handbook of Psychotherapy and Behaviour Change*, John Wiley and Sons, New York, 1978, p. 139-190.

DOOLEY, D. et CATALANO, R., « Economic change as a cause of behavioural disorder », *Psychological Bulletin*, 1980, 87, p. 450-469.

GIBBS, Margaret S., « Social class, mental disorder and the implications for community psychology », in Margaret S. GIBBS, Juliana Rasic LACHENMEYER et Janet SIGAL, *Community Psychology*, Gardner Press, New York, 1980, p. 173-206.

JULIEN, Danielle, CHAMBERLAND, Claire, DUFRESNE, Aude, THÉORÊT, Manon, NANTEL, Marjolaine, MATTEAU, Andrée, HODGINS, Sheilagh, NADEAU, Louise, SIMARD, Roxanne, ARSENEAU, Joanne, LAURENDEAU, Marie-Claire, « Thérapies avec les femmes : lieu de pouvoir ? », *Revue de modification du comportement*, vol. 11, nº 1, 1981, p. 35-53 et vol. 11, nº 2, 1981.

KAZDIN, Alan et WILSON, Terence G., *Evaluation of Behaviour Therapy*, Ballinger, Cambridge, Mass., 1978.

LORION, Raymond P., « Research on psychotherapy and behaviour change with the disadvantaged », in Sol L. GARFIELD et Allen F. BERGIN, *Handbook of Psychotherapy and Behaviour Change*, John Wiley and Sons, New York, 1978, p. 903-938.

LEWINSOHN, Peter M., « A behavioural approach to depression », in Raymond J. FRIEDMAN et Martin M. KATZ, « The psychology of depression », *Contemporary Theory and Research*, John Wiley & Sons, Washington, D.C., 1974, p. 157-178.

ROBERT, Sylvie et LAMONTAGNE, Yves, « Dépression », in Robert LADOUCEUR, Marc-André BOUCHARD et Luc GRANGER, *Principes et applications des thérapies béhaviorales*, Edisem, St-Hyacinthe, 1977, p. 297-312.

SELIGMAN, M.E.P., « Depression and learned helplessness », in Raymond J. FRIEDMAN et Martin M. KATZ, *The Psychology of Depression : Contemporary Theory and Research*, John Wiley & Sons, Washington, D.C., 1974, p. 83-113.

Intervention
auprès des femmes lesbiennes

Luce Bertrand *

Parler d'homosexualité, c'est d'abord parler de sexualité, et parler de lesbianisme, c'est parler de femmes qui auto assument leur sexualité entre elles, acte répressif en soi, puisque la sexualité des femmes a toujours été une question religieuse de devoir, une question biologique et sociale de reproduction, une question juridique de contrat de mariage et de droit à la propriété, bref une affaire régie par et pour les hommes. Qu'il en soit autrement n'entre pas dans la « norme ». Comportement déviant en soi que la société et l'Église se sont chargées depuis longtemps de punir.

Marginalisé de toute part, le lesbianisme n'en demeure pas moins une réalité qui a toujours existé. Longtemps considérée par la psychiatrie comme un désordre mental, l'homosexualité a été rayée de cette liste par l'Association américaine de psychiatrie en 1973. Malgré cela, la société en général est demeurée très homophobe et les intervenants en santé mentale, très ambivalents.

Nous traiterons dans ce texte des interventions thérapeutiques faites auprès d'une clientèle lesbienne, du degré d'acceptation des intervenants face à l'homosexualité et du degré d'implication et d'acceptation des femmes face à leur homosexualité. Nous verrons également la différence entre les femmes et les hommes thérapeutes.

* Psychologue

Tentative de conversion

Les problèmes relatifs à l'homosexualité ne peuvent pas être entendus et compris par tous les thérapeutes, parce que le sujet lui-même en met plusieurs hors d'eux-mêmes. Or, comment demander à un être humain, tout thérapeute qu'il soit, d'être objectif quand il est agressif? Plusieurs choisissent de tenter de les « convertir ». Il semble cependant, selon le Rapport Kinsey entre autres, qu'en matière d'homosexualité la conversion soit aussi difficile à faire que la réversion. La solution honnête serait de référer le cas. Malheureusement ce n'est pas toujours ce qui se fait.

Masters et Johnson dénoncent également ce fait : « Sur le total de 27 lesbiennes qui ont demandé à être traitées pour dysfonctionnement sexuel, 14 avaient déjà cherché ailleurs une aide professionnelle. Onze s'étaient vues refuser une aide psychothérapeutique, dont 8 à plusieurs reprises. Aucune de ces 11 femmes n'avaient été référées à une autre consultation. Trois de ces 14 lesbiennes avaient été prises en traitement et chacune avait interrompu le traitement qu'elle jugeait décevant. » Peut-être ont-elles abandonné le traitement pour les mêmes raisons que les homosexuels mâles, comme le citent les auteurs, « après avoir constaté qu'il était orienté vers une conversion ou une réversion à l'hétérosexualité plutôt que vers la suppression de leurs troubles sexuels ». Pourtant les femmes hétérosexuelles qui consultent pour un dysfonctionnement sexuel ne se font jamais proposer une conversion à une homosexualité qui les satisferait peut-être davantage.

Le degré d'acceptation des intervenants face à l'homosexualité

Notons tout d'abord que face à l'homosexualité il y a 3 sortes d'intervenants :
— ceux qui sont pour (les homophiles);
— ceux qui sont contre (les homophobes);
— les autres.
Parmi les « autres », nous retrouvons les adeptes du « vivre et laisser vivre », les partisans de la tolérance en autant que ça se pratique entre adultes consentants, et les compatissants qui ont lu l'étude scientifique du comportement lesbien à l'usage des éducateurs, des psychologues, des médecins, et des juristes, du psychanalyste Frank Caprio, et qui ont aimé sa réponse à la question « Peuvent-elles être guéries ? », que je cite pour démontrer l'exiguïté de ses propos : « C'est possible

dans bien des cas. Et cela, parce que beaucoup de celles qu'on appelle homosexuelles, sont en réalité normales ; elles ont simplement déviées pour une raison quelconque du droit chemin. Elles peuvent être ramenées à la vie sexuelle normale par un traitement approprié et "plein de compassion", exercé par un psychiatre ou psychanalyste qui croient eux-mêmes à l'issue favorable de la cure. »

Il y a un écart évident entre le groupe des acceptants, tolérants, compatissants, et celui des homophiles. L'acceptation de certains membres du premier groupe est conditionnelle à tellement d'aspects dans son ensemble, que seules quelques lesbiennes types pourraient être considérées par eux, comme normales. Or, dans la majorité des cas, ce ne sont pas celles-là qui consultent. Ces thérapeutes n'ont donc plus qu'à attendre pour les « guérir », que se présentent à eux les lesbiennes qui hésitent face à leur choix ou les non-acceptantes.

Différence entre thérapeutes femmes et hommes

La différence essentielle dans l'agir des intervenants femmes ou hommes face à une clientèle de lesbiennes, consiste dans le fait que plusieurs hommes ont utilisé, et utilisent encore, leur pseudo-pouvoir de mâles pour tenter de séduire leur cliente de façon verbale ou gestuelle, tentant ainsi à leur prouver, disent-ils, que si elles ne crient pas ou ne s'envolent pas à leur approche ou à leurs paroles, elles sont « guérissables ».

Aucun cas semblable ne nous a été rapporté au sujet des femmes thérapeutes, alors que celles-ci auraient également pu utiliser un certain pouvoir de séduction sous prétexte, par exemple, de vérifier le degré d'implication de leurs clientes dans leur « maladie ».

Nous verrons un peu plus loin, quelques cas de ces pratiques abusives de certains thérapeutes mâles.

Degré d'implication et d'acceptation des femmes face à leur homosexualité

Il y a trois catégories principales :
— très impliquées et s'acceptant très bien ;
— peu impliquées mais intéressées, attirées ;
— impliquées mais ne s'acceptant pas.
Nous présenterons surtout des cas se situant dans la deuxième catégorie, en partant de l'adolescente jusqu'à la femme mariée, mère et

parfois même grand-mère. Il est important de se dire au départ que ce n'est pas parce qu'une personne hésite, qu'elle ne veut pas ou qu'elle considère que le pas qu'elle va franchir n'est pas le bon. Quand il s'agit de s'admettre comme telle, il y a de quoi réfléchir... Les tabous, les préjugés sociaux, l'incompréhension et le rejet possible de sa famille, la double vie éventuelle face à son milieu de travail, les activités sociales limitées du milieu, la difficulté à rencontrer et l'isolement de la marginalité sont autant de facteurs à considérer.

Les femmes qui se sentent attirées par l'homosexualité et qui viennent consulter le font souvent pour comprendre les mécanismes qui les poussent vers l'homosexualité, pour échanger sur leur orientation, pour savoir où et comment rencontrer d'autres femmes comme elles. Parmi elles on retrouve :

L'adolescente

L'adolescente qui se sent attirée vers d'autres femmes, ou qui vit une expérience amoureuse pour quelqu'une qui le sait ou l'ignore parfois. Elle consulte pour savoir ce qui lui arrive, pour apprendre comment faire ou comment dire à l'autre qu'elle l'aime, pour oser et être bien.

INTERVENTION

À plusieurs d'entre elles, réponse fut faite qu'elles vivaient simplement une passade : l'homosexualité « normale » à l'adolescence ; de ne pas s'inquiéter, que ça passerait à la minute même où le prince charmant entrerait dans leur vie. À certaines, des thérapeutes mâles ont affirmé qu'avec le physique qu'elles avaient, elles étaient faites pour les hommes, allant même, dans certains cas, jusqu'à parler de leur « bassin fait pour avoir des enfants », de leurs « petites fesses », ou de leurs « gros seins », et j'en passe ! Forte de cette expertise de mâle savant, la jeune fille devait, en l'entendant, se sentir du coup sauvée du marasme lesbien. À d'autres jeunes enfin, des thérapeutes, hommes et femmes, ont servi le plat de l'anormalité, l'horreur de la perversion, la déviation de l'objet naturel et un complexe d'oedipe non liquidé doublé d'un complexe de castration. Je dois admettre que les femmes en général, et les lesbiennes en particulier, doivent parfois faire preuve d'un sérieux équilibre avant d'aller consulter certains thérapeutes qui se révèlent souvent plus traumatisants que leurs problèmes eux-mêmes.

La femme célibataire

La femme adulte célibataire, qui n'a pas ou peu vécu d'expériences hétérosexuelles, parce qu'au fond d'elle-même, parfois sans le savoir ou sans se l'admettre, elle était attirée par des femmes. Elle consulte pour faire le point, pour parler de ses désirs, de ses rêves érotiques avec des femmes, pour que quelqu'un l'aide à comprendre ce qui est là en elle, et qu'elle tait depuis si longtemps à cause de ce que les autres en disent, de sa famille, de son métier, du qu'en dira-t-on et le reste.

INTERVENTION

Dans beaucoup de ces cas, des thérapeutes hommes et femmes ont simplement nié l'homosexualité de leurs clientes, certains probablement parce qu'ils étaient personnellement incapables d'investiguer cette orientation plus à fond et d'autres ont tenté, en niant, d'étouffer dans l'oeuf tout germe homosexuel naissant.

Une célibataire dans la trentaine, elle-même dans le domaine de la santé, a commencé une psychanalyse à la suite d'une déception amoureuse avec un homme. Au cours de ces trois années d'analyse, elle a connu l'amour d'une femme. Elle en parlait évidemment beaucoup à son psychanalyste et insistait souvent malgré son mutisme, pour connaître son opinion, car pour elle l'ambivalence était difficile à tolérer. Devant son insistance, il lui a finalement assuré qu'elle était hétérosexuelle, sans explorer plus avant son potentiel homosexuel.

Dans d'autres cas, certains hommes thérapeutes n'ont pas hésité à servir eux-mêmes de « cible thérapeutique » dirais-je, de « traitement-choc », pour ramener la brebis égarée au bercail de la normalité. Une jeune femme, vivant depuis peu avec une autre femme, consulta un psychologue pour une question toute personnelle qui n'avait rien à voir avec son couple : elle était très timide et souvent anxieuse. En deux visites, son psychologue trouva la cause à tous ces maux : le fait qu'elle vivait avec une femme et non pas avec un homme. Comme premier « traitement », il se leva et tenta d'embrasser sa cliente qui détourna la tête. Ne perdant ni la face, ni ses moyens, il affirma à sa cliente qu'elle ne devait certainement pas détester les hommes tout à fait, puisqu'elle n'avait pas crié!

La femme mariée

La femme mariée qui a des relations sexuelles satisfaisantes ou pas avec son mari, mais qui se sent quand même attirée par des femmes depuis peu ou depuis toujours. Celle qui se rappelle avoir souvent eu des béguins pour des femmes, mais qui ne s'y était jamais arrêtée parce qu'on ne parlait pas de « ça » à l'époque ; celle qui s'est mariée croyant guérir ses désirs pour des femmes en couchant avec un homme et qui les a tus sans jamais les oublier ; celle enfin qui a découvert l'amour et la douceur des femmes après avoir subi un ou des hommes quand elle avait cru au départ les préférer.

Plusieurs parmi elles consultent parce qu'elles ont besoin d'être éclairées, comprises, entendues, parce qu'elles mènent parfois une relation parallèle avec une femme et qu'elles doivent faire un choix, d'autres parce qu'elles ont peur de perdre leurs enfants si leur homosexualité est déclarée et d'autres enfin qui culpabilisent parce qu'elles sont mères et parfois même grand-mères. Certaines ont plus de 30 ans de mariage, d'autres n'ont pas trois mois.

INTERVENTION

Dans cette catégorie, plusieurs femmes ont avoué avoir à quelques reprises rencontré des psychologues ou des psychiatres hommes ou femmes, mais qu'à aucun elles n'avaient parlé de leur tendance homosexuelle, convaincues, par différents indices, qu'elles n'auraient pas été comprises. Pour elles, c'est souvent un secret avec lequel elles vivent depuis des années et qu'elles n'accepteront de confier qu'à une oreille « sécuritaire ».

Une femme de 40 ans qui a parlé ouvertement de son homosexualité à sa psychologue, a été référée à des sexologues pour dysfonctionnement sexuel, après qu'elle eut mentionné qu'elle n'avait ressenti que très peu de jouissance avec son mari tout au long de leurs 20 ans de mariage. Bizarrement la cliente était rapidement stimulée dans un rapport avec une femme, et n'avait aucune difficulté à jouir, ce que sa psychologue avait été incapable de réaliser, ayant ignoré le vécu homosexuel de sa cliente.

Conclusion

La femme lesbienne ne demande qu'à pouvoir vivre sa dimension homosexuelle au même titre qu'elle respecte et qu'elle laisse vivre aux autres leurs dimensions hétérosexuelles.

Elle ressent comme tout être humain le besoin de s'exprimer sur son vécu, dans la famille et au travail, ce qui lui est très difficile à réaliser. Elle veut, comme toute personne qui aime, pouvoir avoir des gestes d'affection en public sans pour autant être montrée du doigt ou paraître scandaleuse. Elle voudrait pouvoir dire à toutes ses amies hétérosexuelles qu'elle est homosexuelle, sans que celles-ci prennent peur ou taxent toute manifestation d'amitié de séduction. Elle voudrait ne porter aucune étiquette, ne pas avoir à dire, à expliquer, à démystifier continuellement. Elle voudrait sortir de l'isolement, du ghetto dans lequel le jugement des autres la pousse continuellement.

Elle a un profond besoin d'appartenance, besoin d'avoir un « milieu » où elle peut se sentir vraie, mais elle a surtout besoin de « modèles positifs » pour l'aider à s'assumer, à croire, à espérer et à vivre. C'est l'une des raisons pour lesquelles je privilégie que les homosexuels(les) consultent des thérapeutes de même orientation.

De façon générale, les intervenants de la santé mentale ont été très peu préparés à travailler avec une clientèle homosexuelle. Les écrits scientifiques traitant d'homosexualité étant encore aujourd'hui très limités, les spécialistes ont dû se contenter des théories ambivalentes de Freud et de quelques autres « savants » dont l'échantillonnage, pris en milieu psychiatrique, est douteux quant à sa conformité au réel. Encore aujourd'hui, la grande majorité des lesbiennes sont « invisibles ». Les profanes en matière homosexuelle, et ce sont la majorité des thérapeutes, n'ont donc que très peu de modèles à observer, pour connaître véritablement ce qu'est la femme homosexuelle. Au mieux, ils sont des écoutants, mais il leur est généralement difficile d'intervenir davantage dans une structure qu'ils ne connaissent pas, ou encore de pouvoir pallier au grave problème de l'isolement dû à l'invisibilité des femmes lesbiennes en leur offrant une gamme de ressources que seul le « milieu » connaît.

Bibliographie

BELL, Alan P. et WEINBERG, Martin S., *Le Nouveau Rapport Kinsey sur les homosexualités*, Albin Michel, Paris, 1980.

CAPRIO, Frank, *L'Homosexualité de la femme*, Payot, 1970.

MASTERS et JOHNSON, *Les Perspectives sexuelles*, MEDSI, Paris, 1980.

Réflexion sur les femmes en milieu isolé

Claire Millette *

La maison est en vacances, ouverte au va-et-vient des enfants, des amis, de la famille avec les bruits, les rires, les appels téléphoniques, les repas, les activités...

Il m'aurait fallu deux jours de solitude, de tranquillité pour faire ce travail de rédaction. J'ai fait des rêves de lieux insonorisés, d'espaces libres, de disponibilité entière à ma tâche. Je souhaitais que l'on oublie mon existence, ma présence, de façon à me donner le pouvoir de réaliser mon engagement à participer à cette publication...

Depuis deux semaines, mes frustrations ont augmenté pour atteindre le point critique de la colère. L'expression de mes besoins n'a pas suffi, l'organisation de mon temps n'a rien donné, ma patience respectueuse envers les autres s'acheminait vers le sens unique... Au bout de mes méthodes douces, de mes limites d'acceptation, j'ai coupé les communications : plus de téléphones, plus de portes ouvertes, plus d'invitations ; je veux mon temps, mon espace, mon mouvement pour moi... Ce n'est pas facile d'affirmer ses besoins jusqu'à les adapter à la vie quotidienne, jusqu'à les vivre sans traîner ce sentiment désagréable d'agresser son entourage dans l'exercice de son pouvoir sur sa propre vie.

---

* Centre des femmes de Shawinigan

Je me suis sentie très isolée parmi les miens avec mes besoins de réflexion, de concentration, de rédaction en termes clairs de mes expressions sur l'isolement des femmes. Puis-je faire un tel travail dans la bousculade ?

J'y suis enfin, aujourd'hui.

J'ai fait ce qu'il fallait.

Les enfants sont dehors avec les amis.

J'ai réquisitionné la maison pour moi toute seule.

Devant mes pages blanches, l'isolement, le retrait de ce qui se passe ailleurs, m'apparaissent bienvenus, associés à mon désir de réussir mon engagement. Ça y est, j'essaie.

Depuis ces trois dernières années, j'ai participé à trois colloques sur la santé. Le 5e Colloque sur la santé mentale, « Les Femmes et la folie », a eu comme effet de provoquer chez moi un besoin absolu d'action dans mon milieu avec les femmes. J'y pensais, je connaissais des groupes, j'intervenais avec d'autres femmes comme animatrice du programme « Nouveau départ », j'écrivais une chronique hebdomadaire d'information et de sensibilisation à la condition féminine dans un journal local, je participais à l'élaboration d'un projet qui visait à implanter un Centre de femmes dans le Centre Mauricie... J'éprouvais aussi le sentiment de pouvoir faire plus, il me semblait souvent que nous passions à côté des priorités dans la condition globale de la vie sociale des femmes. J'entendais des messages contradictoires qui retardaient l'engagement dans l'action... qui boycottaient l'orientation franche et concertée du projet d'interventions pour les femmes. Après le 5e colloque, auquel j'ai participé de façon isolée (j'étais seule de ma région, je me sentais seule de ma « gang »), je me suis retrouvée seule à avoir la certitude que le regroupement des femmes autour du thème santé mentale était une priorité. Deux amies ont accepté de partager ces préoccupations et de partager le travail relatif aux activités d'un programme accepté par le Secrétariat d'État fédéral.

Le 6e Colloque sur la santé mentale nous propulsa au titre de personnes ressources dans un atelier destiné aux femmes isolées, vivant en milieux éloignés des grands centres. L'atelier consistait à transmettre aux participantes) les expériences de regroupement que nous avions vécues, avec nos objectifs, nos thèmes, la participation obtenue, nos questions comme intervenantes... « Quand les femmes se prennent en main... ». Nous avions réalisé une douzaine d'activités en axant les contenus sur la réflexion commune : consommation de médicaments et de services, dépression, violence faite aux femmes, rôles traditionnels, sentiments d'incompétence, de culpabilité, besoin de sortir de son isolement, de se regrouper, de se solidariser entre femmes, etc. Nous répétions nos activités dans les localités stratégiques du Centre Mauricie. La participation s'est caractérisée dès le départ par un fort niveau émotif, des réflexions, des prises de conscience et le goût d'une action concertée et individuelle pour changer des conditions de vie comprises et senties comme inacceptables. Les problèmes de non-adaptation étaient de plus en plus identifiés, compris, partagés, tolérés. La parole était prise et c'était là une première étape essentielle... l'isolement ne pouvait plus être choisi tout le temps. Nous avions des choses à nous dire, ensemble, et nous exprimions nos intentions de récidiver, de garder le contact.

Depuis janvier 1982, le Centre des femmes est là, à Shawinigan. Il offre des services de documentation, d'information, de rencontres, de prêts de livres, d'animation, d'activités avec ou sans personnes ressources, d'accueil individuel à la demande de la clientèle. Sa présence est actuellement assurée par une subvention aux projets de développement communautaire du Canada.

Le problème majeur des femmes dans la collectivité a été identifié comme étant celui de la participation, de la motivation à se regrouper, à se déplacer pour des activités organisées pour elles, dans leur milieu. Ce problème comporte plusieurs éléments : il met à jour une foule de difficultés reliées à l'isolement ; il établit clairement que les femmes sont difficiles à rejoindre et, par le fait même, il exige que tous les moyens soient utilisés pour mettre les chances de participation du côté des femmes, la clientèle visée.

L'approche des femmes vivant en régions éloignées repose à mon sens sur trois aspects importants :
1- le thème et le contenu de l'activité offerte ;
2- le lieu et le temps de l'activité ;
3- la publicité de l'activité.
Si l'objectif principal est de regrouper les femmes, les objectifs spécifiques de chacune des activités doivent le permettre.

1— Le thème et le contenu de l'activité

a) Cet élément est prioritaire, il repose sur une connaissance des besoins exprimés lors d'une recherche antérieure dans son milieu respectif ;

b) il concerne un problème collectif soulevant suffisamment d'insatisfactions pour susciter l'intérêt à mettre en commun des réflexions, des recherches de solutions, des actions concertées ;

c) il implique une consultation continue, des prises de décisions en groupes, selon le rythme des participantes à s'engager, autant au niveau organisationnel, qu'au niveau des contenus de rencontres ;

d) il vise à stimuler l'engagement dans une ambiance agréable : les rencontres sérieuses quand elles sont joyeuses sont les mieux réussies.

2— Le lieu et le temps de l'activité

Cet élément est très important mais, en régions éloignées, il devient stratégique. Il est difficile de présumer que les femmes se déplaceront sur une grande distance si le thème les intéresse. Il est plus facile pour les organisatrices de se rendre dans des localités rencontrer les femmes là où elles vivent. Une fois l'intérêt défini chez les participantes, la participation amorcée, les trajets deviennent moins pénibles, plus motivés. Il y a un temps où les activités et les lieux peuvent se négocier avec les participantes. Il en est ainsi pour la fréquence et la durée des rencontres. J'ai souvent participé à des regroupements où les contenus, les procédures, les objectifs étaient tellement déroutants de densité et de surcharge dans la fréquence, que je me suis fait une loi qui dit :

— prenons le temps de s'exprimer, de s'écouter...

— trouvons un lieu convenable...

— parlons et remettons en question ce que nous avons appris... Ça vaut la peine !...

3— La publicité de l'activité

a) Ouverte à toute la population des femmes. Les postes de radio, les journaux locaux, les communiqués à des journalistes, connus de préférence, ou affichés à des endroits fréquentés par les femmes, etc. Les messages d'intérêt public sont gratuits dans les médias. Les émissions de radio ou de télévision communautaire sont là pour servir la population... les femmes alors !

b) vérifée, corrigée, répétée. La publicité est intéressante parce qu'elle est reçue à un moment donné par des oreilles à l'écoute. C'est la condition première d'un déplacement suite à une invitation. Le goût de participer vient avant la participation ;

c) concise et précise. À moins d'un article qui élabore sur l'ensemble du programme proposé aux femmes, la publicité sur les activités doit fournir des données faciles à retenir pour la clientèle visée ;

d) les participantes elles-mêmes sont des multiplicatrices et des agents de publicité. Quand elles se sentent bien à vivre une activité, elles ont souvent la possibilité de se faire accompagner « la prochaine fois » par une ou deux femmes qu'elles connaissent.

Voilà, c'est presque comme dans les grands centres, mais c'est aussi très différent. Ce n'est pas seulement une distance en kilomètres, c'est une distance plus grande, un repli, une immobilité plus dense à transformer en désir de changement, de mobilité.

Qu'est-ce que l'isolement ?

C'est un fil que l'on gaine pour lui enlever tout contact avec ce qui pourrait lui enlever son électricité... c'est le problème des gars de l'Hydro !

C'est une femme que l'on domine pour lui enlever tout contact avec ce qui pourrait lui enlever son énergie maternelle, c'est le problème de toute la société, vécu par les femmes seulement.

L'isolement, la domination sont apparentés comme deux canaris perdus dans le Grand Nord.

Dernièrement, le nombre insuffisant de médecins en régions éloignées a provoqué un programme de primes et de pénalités financières dans le monde médical. Ma première réaction est de m'inquiéter. J'avoue que ce programme, dans les conditions que nous reconnaissons actuellement comme négatives pour la santé des femmes dans les grands centres, ne me rassure pas du tout lorsqu'il favorise un pouvoir médical encore plus étendu. Actuellement, la situation est grave en régions éloignées. Peu de services, transport vers les grands centres pour les personnes atteintes gravement avec les coûts exhorbitants que cela implique pour les familles, interventions inadéquates, suprématie des décisions de la part des médecins, obligation de soumission au médecin sous peine d'être privé de soins, isolement, isolement, isolement, de toute façon... domination absolue par un pouvoir absolu. Le médecin qui a négocié sa prime d'isolement pour travailler en régions éloignées, a des attentes de reconnaissance, de confiance aveugle, de remerciements gratifiants de la part de sa clientèle. Il est peu ouvert aux consultations de ses confrères, aux transferts dans les grands centres, aux alternatives à offrir... Il est très occupé, surchargé de travail ; il a peu de temps à consacrer à l'information de sa clientèle et expédie le plus rapidement possible sa série de rendez-vous.

En un sens, je vois l'isolement des régions éloignées comme un terrain propice, privilégié, pour l'éducation préventive, l'auto-santé des femmes. Le nombre restreint de médecins m'apparaît plutôt favorable, dans la mesure où l'auto-santé a plus de chances de se développer. Quand il y a des médecins, il y a le pouvoir médical ; quand il y a le pouvoir médical, il y a la dépendance, il y a centralisation des efforts d'investigation et de traitements en fonction des cas rares, graves ; il y a la mort à technicaliser, à retarder, parce qu'elle est vécue comme un échec des pouvoirs...

En un sens, l'isolement a une dimension de protection en lui-même... les ressources autonomes, humaines, ont davantage de possibilités d'actualisation et d'adaptation...

Si les médecins s'établissaient en régions isolées avec un véritable souci d'amélioration de l'état de santé de la population, ils interviendraient aussi et autant au niveau de la prévention des problèmes de santé.

Je connais bien le modèle médical actuel, je travaille en milieu hospitalier comme observatrice-secrétaire-exécutante-infirmière. Je suis évaluée, reconnue, en fonction de mon degré de soumission et de collaboration à ce pouvoir médical que nous tentons de limiter dans ses interventions sur nos vies. Je vis de grandes contradictions car j'ai l'oeil sur les intérêts des personnes ayant besoin de soins et de services, sur les difficultés d'adaptation qu'elles vivent en regard de leur situation respective. C'est là que ma profession prend tout son sens. Je me rends compte que mes relations d'aide à la clientèle sont de plus en plus soumises à ce pouvoir médical, de plus en plus soumises au contrôle du pouvoir médical, de moins en moins acceptées par ma définition professionnelle, elle-même de moins en moins autonome dans ses recherches et actions spécifiques. Le pouvoir médical a une dimension de plus en plus restrictive pour les autres professions qui gravitent dans son rayon d'action. Ces professions sont orchestrées en fonction de ce modèle médical et de ses prérogatives...

> Vivre, c'est réagir et, de ce fait, mettre en action les mécanismes d'adaptation et d'évolution créatrice.
>
> René Dubos

L'isolement est une manifestation de non-adaptation et l'isolement des femmes est tissé de tellement d'éléments contradictoires, tous susceptibles de surgir comme des réalités engendrant des problèmes. L'isolement est relatif — il peut s'accroître ou décroître. Celui des femmes des grands centres semble décroître si je considère les ressources créées et favorisant le regroupement, remède à l'isolement. Celui des femmes isolées vivant en régions éloignées s'accroîtra-t-il en proportion? Les besoins de regroupement sont plus difficiles à satisfaire, à conscientiser, à organiser.

Comme collectivité, les femmes ont des choses à se dire, des décisions pertinentes à prendre. C'est en marche... continuons, nous le pouvons!

Attention... l'intervention féministe est en danger de récupération

Michèle Bourgon*, avec la collaboration de Suzanne
Laferrrière

Dans la foulée des cours sur la fameuse prise en charge des femmes
par elles-mêmes, deux constatations s'imposent. D'abord, le sentiment
d'impuissance ressenti par les intervenantes dans le réseau des affaires sociales qui va en s'accentuant au fur et à mesure que la crise
économique s'amplifie. Ensuite, le danger réel que, dans un tel contexte, l'intervention féministe devienne une solution miracle aux problèmes socio-économiques que vivent la majorité des femmes usagères des services sociaux.

Ce sentiment d'impuissance et d'échec amène les intervenantes
à se remettre en question et à attribuer les causes de cette impuissance à trois lacunes principales chez elles : lacunes au niveau de leur
analyse des problèmes, lacunes au niveau des techniques et lacunes
existentielles (« on est donc pas assez en contact avec nous-mêmes... »).
Face à ces « vides à combler », le mouvement féministe et sa réflexion
sur la santé des femmes risque de devenir, par le biais de la thérapie

* Enseignante, département de travail social, UQAM

féministe, un autre « truc », une autre technique dans la vaste panoplie des « kits » maintenant disponibles sur le marché de la psychothérapie.

Dans les débats d'ordre analytique, le consensus semble se faire
pour énoncer que les problèmes vécus par les femmes usagères ont
leur origine dans les conditions économiques et sociales dans lesquelles ces femmes évoluent. Ce qui apparaît beaucoup moins clair, toutefois, c'est la façon dont on traduit cette analyse de l'oppression et
de l'exploitation des femmes dans des pratiques qui en tiendraient
compte. Au mieux, on intervient sur les rapports de pouvoir entre
individus hommes-femmes, mais on parle peu, et on agit encore moins
sur les rapports entre les personnes et les institutions, les structures
auxquelles elles sont confrontées.

Il ne s'agit pas ici de fustiger, comme d'habitude, les intervenantes pour leur « manque d'analyse » ou leurs « insuffisances personnelles ». Non, le blâme va ailleurs. Car la plupart de celles-ci travaillent dans le réseau des affaires sociales : CSS, hôpitaux, CLSC et nous
devons reconnaître que le poids de ces institutions est considérable.

Dis-moi où tu travailles, je te dirai qui tu es ?

Les structures des institutions empêchent de voir, et aussi d'agir sur
autre chose que les rapports entre individus. Qu'on pense notamment
aux contraintes du face à face, et à la primauté qu'accordent nos institutions à l'intervention individuelle sur l'intervention de groupe et
sur l'intervention auprès des collectivités. Ces contraintes font en sorte
que les intervenantes se retrouvent encore une fois coincées à jouer
le rôle même que jouent les femmes dans la famille, c'est-à-dire à for-
mer un groupe de « mômans »... À l'instar de toutes les ménagères,
de toutes les femmes qui doivent fournir le confort domestique et la
compréhension « féminine » (le confort émotif) aux individus éreintés
par le quotidien, leur permettant ainsi de continuer, les intervenantes doivent elles aussi « huiler » la machine sociale en maternant, en
rechargeant les batteries des usagères.

Le rôle de « rechargeuse de batteries » semble être le fil conduc-
teur de toutes les interventions actuelles. Ce rôle qu'on donne aux
femmes, non seulement dans la famille, mais également comme thérapeutes, leur fait porter le poids des institutions qui reproduisent
l'oppression des femmes et les force à assumer les échecs et les succès mitigés de leurs démarches. C'est d'ailleurs le seul rôle que les
institutions leur permettent de jouer...

Que faire, que faire... (air connu)

Un discours théorique, tout révolutionnaire soit-il, ne menace pas en lui-même l'existence d'une institution, la preuve c'est que le discours féministe est très populaire à l'intérieur de nos agences sociales en ce moment...

Les discours deviennent menaçants seulement lorsqu'ils se concrétisent dans des pratiques qui remettent en cause le rôle et le fonctionnement des institutions. Ce n'est pas lorsqu'on ne fait que parler de l'aspect idéologique et politique de l'oppression des femmes qu'on menace ; c'est lorsqu'on resitue les institutions qui nous emploient comme étant une ligne de transmission de cette même oppression et lorsqu'on agit contre et hors ces institutions.

Mais la marge de manoeuvre qui nous est laissée par l'appareil d'État est illusoire. Cet appareil, pour lequel nous travaillons toutes, a comme rôle primordial de maintenir l'ordre économique et social établi. Ce maintien se concrétise dans des critères d'efficacité, de gestion et de rationalisation des soins qui, tous, encadrent nos pratiques, souvent plus qu'on ne le pense, et limitent notre impact sur des changements sociaux en profondeur. Comme en témoigne le petit nombre de nos démarches qui visent à changer ces structures...

Mais ne nous leurrons pas. Les véritables actions collectives suscitent des mécanismes de réaction de l'appareil d'État. On peut penser notamment à Chamberland et Hétu, un médecin et un organisateur communautaire au Témiscamingue. C'est au moment où ils ont commencé à analyser le rôle des organismes et des institutions pour lesquels ils travaillaient et à mobiliser les usagers sur des questions de contenu des services, qu'ils ont été mis à la porte. On peut aussi évoquer ce travailleur social de Huntingdon, limogé parce qu'il remettait publiquement en question le nombre de dossiers qu'on lui donnait, et informait les usagers des limites de ses interventions.

La répression n'est pas l'unique réplique de l'appareil de l'État. Un autre mécanisme couramment utilisé est celui de la récupération. Récupération par l'État (via les CLSC entre autres) des groupes de base, groupes de femmes, groupes autonomes, populaires, qui essentiellement critiquent et s'attaquent aux institutions, en fournissant des alternatives. Pour neutraliser les forces de ces groupes, l'État va chercher soit à les réprimer, soit plus fréquemment à les utiliser en les coinçant dans une logique de services avec ou sans subventions, qui épuise l'énergie des groupes. Dans les deux derniers cas, les revendications des groupes se voient transformées, diluées, moulées aux impératifs de fonctionnement des institutions en place [1].

Malheureusement, comme intervenantes, nous « embarquons » dans ce processus de récupération, plus souvent qu'autrement, sans nous rendre compte que la récupération de ces groupes est synonyme de perte de beaucoup de liberté de critique et d'action. Ces groupes représentent encore de rares lieux d'où peuvent émerger des pratiques alternatives radicales.

Quand « intervention » ne se réduit plus à « thérapie »

C'est ici qu'il faut, comme intervenantes, se rendre compte des limites des interventions qu'on peut porter à l'intérieur des agences dans lesquelles nous travaillons. Il faut également, comme intervenantes, s'identifier aux usagères qui ont à subir les limites de ces interventions, et partager ces limites avec elles. Un tel changement de nos fonctions est lourd de conséquences, et amène le besoin de collectiviser nos expériences : nous rencontrer, nous supporter, d'autant plus étroitement si nous voulons dénoncer le rôle d'agent de contrôle social qui nous est imposé. Nous ne sommes pas de la police ; nous sommes de nouvelles « mômans » mais c'est aussi un rôle d'étouffeuses de changements...

Pour nécessaires qu'ils soient, nos regroupements doivent cependant se faire autrement que selon des lignes corporatives. Il serait trop facile que dans un effort de solidarité, nos enjeux et objectifs se limitent à la défense de notre regroupement de professionnelles, à l'intérieur des cadres institutionnels et étatiques. Dans cette éventualité, les intérêts des intervenantes et ceux des usagères s'avèrent vite dissonants : on se poserait alors des questions, avec raison, sur une démarche soi-disant féministe qui ne ferait que promouvoir les intérêts d'une classe de femmes... Il est important de comprendre que la « thérapie » féministe, et à plus forte raison les thérapies fémi-

---

[1] Un exemple récent nous a été fourni par les déboires des CALACS (Centres d'aide et de lutte contre les agressions à caractère sexuel) qui se sont vus coupés de toutes subventions, celles-ci étant acheminées vers les maisons d'accueil pour femmes victimes de violence. On coupait le cou aux groupes de femmes luttant contre le viol, tout en assujetissant les maisons d'hébergement à de nouvelles charges relevant d'une problématique reliée mais combien différente de la leur. Le tout assaisonné de moultes pressions pour s'insérer dans le réseau, via des contacts avec hôpitaux et CLSC.

nistes coupées du discours originel, ne changeront pas la condition des femmes. On peut à la rigueur reconnaître à l'intervention indivi-duelle un rôle important comme instrument d'action sur les structu-res idéologiques de la personne, à la condition de reconnaître aussi que ce rôle devra être complémentaire à d'autres actions contre des structures qui maintiennent l'ordre social établi et qui n'existent que par les retombées de l'oppression des femmes...

« Par notre très grande faute »
Petite histoire de l'intervention féministe*

Roxane Simard **

Vouloir aborder la question de l'intervention auprès des femmes comporte un piège important. Il peut être en effet tentant de parler des acquis en ce domaine, de se reposer sur les victoires récentes, de se féliciter du chemin parcouru. Cela fait tellement de bien d'avoir enfin quelques images positives de nous. En ce sens, j'aimerais souligner, entre autres, les interventions des groupes de femmes face à leur santé, face à leur sexualité, face à la violence qui leur est faite, face au pouvoir, face à la famille, face à la ménopause [1], etc. Depuis des années, des femmes luttent pour être reconnues comme des personnes, et des personnes valables et compétentes. Et cela porte des fruits jusque dans notre capacité d'affirmation, de connaissance et de reconnaissance, d'analyse, de critique, de rassemblement, de lutte.

Mais, en dépit de toutes ces réalisations, en dépit de tant de progrès, en dépit de ce que nous osons parfois nommer des « victoires », notre langage n'est pas encore celui de la victoire, mais plutôt celui

---

* Ce texte a été prononcé lors de la conférence d'ouverture du 6e Colloque québécois sur la santé mentale (Université Concordia, 1er mai 1981). Il a cependant été quelque peu remanié pour fins de publication.
** Psychologue, hôpital Louis-H. Lafontaine

[1] L'auteure fait ici référence à l'excellent programme Odyssée, intitulé *Information sur la ménopause.*

de la défaite, celui de l'hésitation, celui de la dépression, celui de la culpabilité, parce que souvent nous nous surprenons à dire :
— On est allé trop loin.
— On a dépassé les bornes.
— On a dépassé les normes.
— On a exagéré.
— Excusez-nous de vous avoir dérangés.
— On ne recommencera plus.
— Il ne faudrait quand même pas oublier les hommes.
— Il ne faudrait surtout pas oublier les enfants.
— Qu'est-ce qui va arriver au couple et à la famille si on continue ainsi ?
— Sommes-nous plus épouses que mères ? plus mères qu'amantes ?
— Sommes-nous plus intervenantes que femmes ? plus féministes que féminines ?
— Représentons-nous bien les autres femmes, les vraies femmes ?
— Avons-nous le droit de déranger ces femmes qui étaient si heureuses, avant la prise de conscience féministe, entre leurs cours de macramé et leurs flacons de valium ?
— Ce que les femmes ignorent ne leur fait pas de mal.
— On trouble les femmes bien plus qu'on ne les aide.

Ce discours est révélateur. Il souligne un malaise, un mal-être, une difficulté à être autre que les modèles prescrits, une difficulté à trancher dans la ligne historique de la soumission et de la dépendance des femmes.

Ce discours, je l'ai entendu dans plusieurs lieux d'intervention et dans plusieurs lieux de formation : hôpitaux, CLSC, CSS, universités, Cégeps, centres d'accueil, regroupements de femmes.

Ce discours, je l'ai entendu de deux façons.

Je l'ai, dans un premier temps, entendu comme un discours individuel. Toute ma formation de psychologue et tout mon conditionnement de femme me prédisposaient d'ailleurs à n'y percevoir que l'écho d'un malaise personnel, le malaise de certaines femmes, le symptôme du déficit spécifique de certaines intervenantes. Comment expliquer ce fait, si ce n'est qu'il est plus facile et surtout plus rassurant de regarder la femme déprimée, de même que l'intervenante déprimée, comme une personne unique, isolée, non contagieuse, et qui ne vit, en raison de multiples motifs personnels, qu'une demi-vie ? Mais combien il serait plus inquiétant de regarder la femme déprimée (et l'intervenante déprimée) comme un exemple concentré, un exemple cru et vivant, de ces milliers de demi-vies imposées par la culture à toutes les femmes.

Aussi, par la suite, ce discours je l'ai entendu bien différemment. Je l'ai entendu comme la répétition, par nous-mêmes, et à notre propre compte, du discours séculaire de culpabilisation des femmes.

Regardons-y d'un peu plus près.

En premier lieu, l'intervenante féministe est aux antipodes du modèle de *vraie femme*, tel qu'il est défini par nos institutions culturelles : État, Église, publicité, littérature, psychiatrie, psychologie. Parce qu'elle est douce et conciliante, généreuse et souriante, la *vraie femme* veille à ce que règne l'harmonie dans son environnement. D'abord préoccupée par les besoins des autres, elle tire son bonheur du bonheur des autres. La *vaie femme* n'agit pas. Elle réagit (pas trop, de préférence). Elle ne provoque pas les changements. Elle y résiste ou s'y adapte. La *vraie femme* au fond n'intervient pas. Or, c'est là la première et très grande faute de l'intervenante féministe : elle intervient. Elle a quitté les attitudes de neutralité bienveillante et d'écoute inconditionnelle. Elle pose des conditions. Elle n'est pas neutre, et elle le dit bien haut : elle est féministe. Analyste des conditions de vie des femmes, critique des modèles socio-culturels transmis, elle remet en question, elle dénonce. Elle n'est plus féminine. Elle est doublement fautive. D'abord parce qu'elle n'est plus une *vraie femme*, ensuite parce qu'elle n'est plus une bonne thérapeute, comme on le lui a appris. Les anciennes « élèves modèles » sont désormais hors du modèle.

En second lieu, l'intervenante féministe travaille habituellement auprès de *femmes adultes*. Ce qui peut sembler un a priori, une déclaration élémentaire, voire simpliste, revêt au contraire un caractère capital dans la question qui nous préoccupe. En effet, puisque l'intervenante féministe passe la majeure partie de son temps de travail auprès d'une clientèle de femmes, elle se détourne ainsi de son rôle féminin principal qui consiste à se soucier d'abord des hommes. Et par son travail auprès de femmes adultes, elle délaisse sa fonction maternelle qui consiste à prendre soin des enfants. Ce faisant, elle abandonne la tâche assignée aux femmes de tout temps : veiller à la préservation du couple et de la famille. Au lieu d'être encore et toujours le signe de l'harmonie, elle est devenue le signe du conflit et de la contradiction. Elle est vraiment hors normes. Elle est vraiment anormale.

Et ce n'est pas seulement parce qu'elle se concentre sur une clientèle féminine, que l'intervenante féministe devient menaçante, mais c'est aussi par le contenu même de ses remises en question. L'approche féministe représente en effet un questionnement fondamental pour le couple et la famille, conçus comme institutions culturelles, conçus comme lieux de pouvoir : pouvoir des hommes sur leurs femmes, pouvoir des parents sur leurs enfants, pouvoirs comptabilisés de façon bien rudimentaire par le nombre de femmes battues et le nombre d'enfants maltraités. L'intervenante féministe ne veut plus servir à cimenter ces lieux de pouvoir, ni contribuer de quelque manière que ce soit à maintenir l'idéologie qui leur permet d'exister. Mais, du même coup, elle devient une cible de choix, le bouc émissaire responsable des ruptures de couples et de la désagrégation des foyers [2]. C'est là sa deuxième et plus que très grande faute.

En troisième lieu d'ailleurs, cela nous amène à constater que l'intervenante féministe a manqué à un autre grand devoir féminin, un devoir pourtant sacré : celui d'être la gardienne de la tradition. Au contraire, l'intervenante féministe fonctionne sur la base des remises en question : remises en question de la tradition, du statu quo, des lois qui régissent les rapports humains, des stéréotypes, des vérités jugées jusqu'ici inébranlables et inattaquables. Troisième faute.

Et enfin, l'intervenante féministe pèche une quatrième fois lorsqu'elle veut s'approprier le savoir, organiser les schèmes d'analyse, exercer le contrôle sur l'environnement en général, sur l'environnement thérapeutique en particulier, pénétrant ainsi dans un domaine réservé jusque-là aux hommes, proférant le sacrilège d'assister à l'initiation des hommes à la connaissance, d'assister à l'initiation des hommes au pouvoir. Ce n'est pas pour rien qu'on a tant décrié les femmes qui ont voulu accéder au pouvoir politique. Ce n'est pas pour rien non plus qu'aucune femme n'accédera au pouvoir religieux.

Comme Ève qui a péché quatre fois pour avoir désobéi à Dieu, pour avoir obéi au serpent, pour avoir mangé du fruit défendu, et enfin pour en avoir offert à l'homme, ainsi donc, l'intervenante féministe pèche quatre fois. Elle intervient. Elle n'est plus au service du couple et de la famille. Elle ne porte plus bien haut le flambeau de la tradition. Elle fait de l'ingérence dans le monde des hommes. Il va bien falloir qu'elle paie cela un jour, et la dépression est un bon prix.

---

[2] Une intervenante féministe a d'ailleurs reçu dans son milieu de travail une épithète digne de Guy Des Cars : on l'appelle « la sépareuse ».

Se pourrait-il que notre actuel discours de dépression ne soit que ce sentiment d'avoir failli à notre tâche de femmes ? de n'être plus celles par qui la paix et la tranquillité sociales se maintiennent ? de n'être plus celles par qui le règne du Père arrive ?

Le discours actuel des féministes, et plus particulièrement des intervenantes féministes, est en ce sens un discours de dépression. Et s'il l'est, c'est parce qu'il est marqué du triple sceau de la dépression : le sentiment d'infériorité, la culpabilité, et la résignation.

Présentement, nous[3] avons tendance à nous percevoir comme moins compétentes que nous le sommes en réalité, et surtout comme moins compétentes que par le passé, lorsque nous fonctionnions à l'intérieur des schèmes traditionnels. Nous croyons facilement que nous n'avons pas fait grand progrès. Nous pensons que tous ces efforts ne donnent pas grand chose, et que nous ferions mieux de retourner à nos « Rorschach » et à nos placements. Placer, après tout, c'est, dit-on, mieux que déplacer, déranger, inquiéter.

Alors nous nous sentons coupables. Coupables surtout d'être en dehors des modèles prescrits. Coupables de ne pas répondre aux attentes placées sur nous. Coupables de ne pas avoir su convaincre les hommes du bien-fondé de notre démarche, de ne pas avoir su les y intégrer. « Il ne faudrait surtout pas oublier les hommes. » « Il faudrait les attirer. » Nous n'avons pas su attirer les hommes. Nous avons failli à une autre grande tâche qui nous incombe : celle de la séduction des hommes.

Bien à tort, nous avions cru que le processus d'auto-culpabilisation et d'auto-destruction n'était le propre que des femmes violées et des femmes battues. C'est le propre de toutes les femmes, les féministes comme les autres. Faut-il répéter que ce n'est pas le violeur qui se sent coupable, mais la femme violée, que ce n'est pas l'homme qui bat sa femme qui se sent coupable, mais la femme battue ? De même, ce ne sont pas ceux et celles qui, à l'heure actuelle, agressent les intervenantes féministes, se moquent d'elles, les humilient et les blâment, qui se sentent coupables, mais les intervenantes féministes elles-mêmes. « On est allé trop loin » ; « On a dépassé les bornes » ; « On a exagéré ». À l'instar des femmes violées et des femmes battues, nous ne sommes pas loin de penser que nous n'avons que ce que nous méritons. C'est le propre de la dépression que de reprendre à son compte le discours de l'environnement sur soi.

---

[3] Ce « nous » se rapporte plus spécifiquement, mais pas uniquement, aux intervenantes féministes.

Dans son étude sur la dépression, Seligman [4] souligne, fort justement d'ailleurs, que les individus déprimés ne sont au fond que des individus *résignés*. Ils ont appris que, quelle que soit leur intervention sur l'environnement, celle-ci ne change jamais rien à ce dernier. Dès lors, mieux vaut ne plus intervenir, ne plus tenter de changer les choses, se tenir tranquille, « redevenir comme avant ».

À ce sujet, qu'on se rappelle les expériences faites avec des chiens de laboratoire. Je vais les rappeler brièvement :

— Dans un premier temps, des chiens sont placés dans des cages au plancher électrifié, et ils doivent apprendre, au signal sonore ou lumineux, à fuir le choc électrique. Afin de l'éviter, les animaux apprennent d'ailleurs rapidement à sauter et à fuir, au moment même où le signal apparaît.

— La deuxième partie de l'expérience consiste à bloquer la porte par où les chiens s'échappent, afin d'empêcher toute fuite. Les chiens bien sûr essaient alors par tous les moyens de faire cesser le malaise. Ils sautent, ils foncent dans la porte, grimpent, jappent, grognent, jusqu'à ce que, vaincus, *résignés*, ils se blottissent dans le fond de la cage, dans l'attente que le choc passe. C'est la *résignation acquise*, traduction de l'expression anglaise « learned helplessness ».

— Quand, dans la troisième partie de l'expérience, l'expérimentateur ouvre à nouveau la porte, les bêtes ne cherchent plus à fuir. Elles demeurent immobiles et subissent la douleur. Ce que ces animaux ont appris, ce n'est pas qu'ils ne peuvent plus marcher, qu'ils ne peuvent plus courir, ou qu'ils ne peuvent plus sauter. Ils ont simplement appris que marcher, courir ou sauter, ça ne sert à rien.

Dans la vie des femmes, bien des événements, et particulièrement ce qu'on dit à leur sujet, constituent des chocs électriques.

Dans la vie des intervenantes féministes, bien des événements, et particulièrement ce qu'on dit du féminisme et de ses adeptes, constituent autant de chocs électriques, sans qu'ils soient la plupart du temps précédés d'un flash lumineux ou d'un son strident.

Il ne faudrait pas non plus oublier ici la désormais célèbre étude des Broverman [5]. Il ne faudrait surtout pas commettre l'erreur de

[4] M.E.P. Seligman, « Depression and learned helplessness », in R.J. Friedman et M.M. Katz, *The Psychology of Depression : Contemporary Theory and Research,* Winston, Washington, 1974, p. 83-113.

[5] I.K. Broverman, D.M. Broverman, F.E. Clarkson, P.S. Rosenkranz, S.R. Vogel, « Sex-role stereotypes and clinical judgments of mental health », *Journal of Consulting and Clinical Psychology*, 1970, 34, p. 1-7.

croire que les résultats de cette étude ne s'appliquent qu'aux autres femmes, et non aux femmes intervenantes. Ce que l'étude des Broverman a démontré, c'est que les *vraies femmes*, celles qui méritent ce titre, les femmes en santé mentale, sont soumises, dépendantes, influençables, émotives et préoccupées de leur apparence. C'est donc ainsi que nos collègues et nos employeurs perçoivent les femmes en santé mentale. C'est le comportement et les attitudes qu'ils attendent de nous. Et chaque fois que nous ne répondons plus à ce modèle, nous ne sommes plus à leurs yeux en santé mentale. Il est possible qu'on dise alors de nous que nous sommes malades, que nous sommes folles, que nous sommes agressives, ou que nous sommes féministes (ce qui, dans plusieurs milieux, correspond à une maladie).

Aucune d'entre nous ne peut demeurer insensible à un tel discours. C'est un discours qui sème la peur face à la poursuite de nos interventions, le doute face à nos prises de positions et à nos actions, la tentation du retour en arrière, la tentation d'effacer ce qui a été fait, ou de croire que rien de valable n'a été fait. Il est possible qu'alors nous nous accusions d'être dans l'erreur, que nous nous excusions d'avoir dérangé, que nous désirions redevenir comme avant, que nous acceptions même les contre-coups comme autant de punitions méritées. C'est *la résignation acquise*. Dans ce que le discours actuel des intervenantes féministes laisse entendre, il y a beaucoup de cet apprentissage à la dépression, de ce conditionnement à la culpabilité.

Mais en soi, ce n'est pas tragique. Nous ne sommes pas nées ainsi. Et nous savons bien, pour travailler fréquemment auprès des femmes déprimées, que la dépression est souvent le premier pas vers la libération.

Ce qui serait tragique, ce serait que nous vivions l'enfermement des femmes déprimées. Ce qui serait tragique, ce serait que nous pensions que les difficultés et les peurs que nous éprouvons à l'heure actuelle proviennent d'une inadéquacité personnelle, d'un déficit individuel, d'une erreur de parcours. Alors qu'elles proviennent en grande partie du fait que nous sommes dérangeantes, et que les systèmes, lorsqu'ils sont dérangés, deviennent électrifiants.

Le problème, ce n'est pas que les femmes aient des problèmes. Le problème, c'est que les femmes se tournent toujours pour régler leurs problèmes vers le médecin, vers le spécialiste, vers un système de soins qui les dessert, comme leurs aïeules se tournaient vers le prêtre. Le problème, c'est la répétition par les femmes de multiples démarches individuelles et mille démarches individuelles n'ont jamais fait une démarche collective.

Quand les femmes alcooliques, quand les femmes seules, quand les femmes âgées, quand les femmes déprimées, quand les femmes battues... se regroupent, elle demeurent rarement écrasées au fond de la cage.

Cela s'applique autant aux femmes intervenantes. Car, là comme ailleurs, nous sommes peu différentes des autres femmes. Nous avons besoin de nous regrouper, de nous épauler, de nous renforcer. Nous avons besoin d'analyser collectivement ce qui nous arrive. Nous avons besoin de décortiquer l'indifférence ou le rejet qui nous frappent dans nos milieux de travail. Sans quoi, nous serons convaincues, comme chaque femme déprimée, que nous avons beaucoup péché et que nous serons beaucoup punies. Nous avons besoin de dire ce que nous faisons, de nommer nos interventions, de nommer nos expériences telles que nous les vivons, de célébrer enfin chacune de nos victoires.

LE POUVOIR
DES FEMMES

L'impasse de la lutte des femmes

France Laurendeau* et Louise-Hélène Trottier**

Les femmes ont bien tenté depuis plus de dix ans de participer à la vie publique à l'égal des hommes. Il fallait imposer notre présence dans la sphère publique. Nous voulions des droits de citoyennes à part entière, mais nous n'avions pas de nom, sinon celui de notre père, ou de notre mari. Nous n'avions pas de statut social, sinon celui du maître, pas de revenus, sinon le salaire d'appoint, pas de vie, sinon la douleur de l'enfantement, pas de désirs, sinon celui d'être comblées par un prince charmant. Nous n'avions pas d'espace autre que la cuisine et la chambre à coucher. Et dans notre volonté d'émancipation, le travail ménager, l'ultime espace qui nous appartenait, est devenu le symbole même de notre aliénation et de notre dépendance. Nous étions non seulement absentes de la vie publique et sans pouvoir, mais en plus nous ne pouvions nous réaliser dans l'univers clos et névrotique de nos foyers : le passé était aliénation et échec, il fallait tout balayer, reconstruire à neuf.

Face à ce constat pour le moins pénible et difficile, les féministes du début des années 70 ont tout d'abord réclamé des droits égaux

* Sociologue, agente de recherche à la FTQ et au département de sociologie de l'UQAM

** Sociologue, agente de recherche au département de médecine sociale et préventive de l'Université de Montréal à ceux des hommes au sein du système politique, de l'éducation, de la famille, du marché du travail et dans l'échelle salariale. Décidées à s'affranchir, il ne restait plus qu'à s'organiser, à s'affirmer, à cesser de « se laisser manger la laine sur le dos » collectivement et individuellement. Sans soutien-gorge et en mini-jupe, notre lourd passé d'aliénation s'effritait de lui-même. L'atmosphère était à l'optimisme et la libération des femmes se ferait de toute évidence. Nous étions encore sans pouvoir, mais ce n'était plus pour très longtemps.

Un optimisme social

Les femmes ne sont pas seules à baigner dans l'optimisme au début des années 70. Encore sous le choc de la Révolution tranquille, de ses grandes restructurations de modernisation, le Québec vit alors de la « possibilité de s'en sortir ». Simultanément, le mouvement nationaliste promet de nous redonner comme peuple notre identité et notre dignité, de nous octroyer un pouvoir sur nos structures politiques et sur l'orientation de notre économie. Travailleurs, exploités, aliénés s'organisent de toutes parts. Les politiques redistributives prennent le devant de la scène. La gratuité et la démocratisation de l'enseignement et des services de santé sont en grande partie assurées.

Ce n'est pas tout. Au début des années 70, l'optimisme politique prend racine dans une conjoncture économique de croissance qui, entre autres choses, facilite l'entrée des femmes sur le marché du travail, lui-même en pleine expansion. Il n'est pas question de coupures de postes ou de gel de salaires. Au contraire, grâce aux pressions des travailleurs, les salaires augmentent et les conditions de travail s'améliorent. Ces gains syndicaux sont des preuves tangibles du « lorsqu'on veut et qu'on s'organise, il y a moyen de s'en sortir ».

Parallèlement à ce bouillonnement syndical et nationaliste, d'autres formes de luttes surgissent. Dans tous les pays capitalistes occidentaux, groupes de gauche, groupes populaires et groupes de femmes dénoncent les inégalités de classe, d'ethnie et de sexe et mettent de l'avant un projet de société juste, égalitaire et démocratique. Des organisations autonomes basées sur la participation égalitaire et sur le partage des pouvoirs entre les « experts » et les citoyens voient le jour : cliniques populaires, comptoirs alimentaires, cliniques d'auto-santé, ADDS [1], comités de citoyens apportent des solutions immédia-

---

[1] Associations pour la défense des droits des assistés sociaux.

tes et donnent d'autres exemples de moyens de pression et de lutte.

L'optimisme du mouvement des femmes est né de cette conjoncture sociale et économique prometteuse où les possibles prennent forme, et où naissent des solutions tant réformistes que révolutionnaires. Le bilan de nos inégalités et de notre absence de pouvoir n'était pas « rose », mais des moyens concrets s'offraient à nous. L'avenir souriait.

Une libération triomphante

Dans la foulée de cet optimisme social, la cause des femmes a apparemment gagné du terrain. Plusieurs lois discriminatoires à l'égard des femmes ont été révisées au niveau de la famille, de l'éducation et du marché du travail. Par exemple, la pleine capacité juridique dans le mariage a été reconnue aux femmes en 1964. L'accès égal à l'éducation est confirmé dans les faits, tout au moins jusqu'au niveau collégial, depuis le rapport Parent. À l'université, les femmes diplômées restent moins nombreuses que les hommes, mais le pourcentage de femmes, 47,3 % dans les inscriptions en 1978-79, laisse présager des améliorations pour l'avenir. Quant au marché du travail, les femmes y participent en nombre croissant : elles étaient 38,8 % de la main-d'oeuvre en 1980 contre 22,2 % en 1950. Ainsi, du simple point de vue économique, ces chiffres semblent démontrer, hors de tout doute, que la situation des femmes a progressé à pas de géant.

À un autre niveau, la reproduction n'est plus laissée aux aléas de la nature. La recherche médicale a mis au point des contraceptifs fort efficaces qui ont allégé le fardeau maternel des femmes. Parallèlement, l'avortement, malgré quelques (!) restrictions, est aujourd'hui une possibilité concrète et sûre d'empêcher les naissances. À moins que la diminution de 31 % dans les naissances de 1960 à 1980 ne soit attribuable à la découverte de notre sexualité clitoridienne. Pour celles qui en sont restées à la sexualité vaginale, les accouchements se font aujourd'hui en toute sécurité dans les départements d'obstétrique des hôpitaux modernes avec l'assistance de médecins dont la compétence est au-dessus de tout soupçon. La grossesse n'est donc plus pour les femmes une épée de Damoclès suspendue au-dessus du lit conjugal... ou autre.

D'autre part, les femmes, dans l'accomplissement de leurs tâches domestiques, bénéficient aujourd'hui d'une technologie ultra sophistiquée qui devrait permettre en principe que le ménage, la lessive, la vaisselle et les repas se fassent automatiquement. Le changement de mentalité des hommes, plus nombreux que jamais à changer les couches du bébé, à faire la vaisselle et même à préparer les repas, annonce que l'avenir est au partage complet et intégral des tâches domestiques entre les conjoints.

Qu'est-ce que les femmes veulent de plus ? Devant de tels acquis, pourquoi le mouvement des femmes s'entête-t-il à répéter les mêmes rengaines ? L'obstination du mouvement à mettre de l'avant de nouvelles revendications suggère que, pour les femmes, tout n'est pas pour le mieux dans le meilleur des mondes. Loin d'être dépassé, le mouvement féministe s'interroge aujourd'hui sur l'envers de ce qu'on a appelé la « libération des femmes », sur les nouvelles formes que prend l'oppression des femmes dans une société qui se prétend dénuée de préjugés sexistes.

L'envers de la médaille

La femme orchestre

S'il est vrai que les femmes ont désormais accès à l'éducation et au marché du travail presque au même titre que les hommes, elles restent confinées dans des ghettos d'emplois caractérisés par de bas salaires, l'absence de sécurité d'emploi, un faible taux de syndicalisation, des conditions de travail souvent pénibles et des possibilités de promotion infimes. Quand on sait que les Canadiennes gagnent environ 58 % du revenu des hommes en 1980, on voit bien que l'accès au marché du travail n'est pas un signe d'égalité. De plus, les femmes continuent d'y occuper les places inférieures. Si quelques-unes se taillent des positions au sommet des hiérarchies administratives, elles sont encore des exceptions et servent d'alibi aux employeurs et à toute la société. Les obstacles à une égalité réelle sur le marché du travail restent donc fort importants et tiennent à la structure sociale elle-même.

Cependant, si leur participation accrue au marché du travail n'a pas permis aux femmes d'accéder à l'égalité, elle a eu pour conséquence d'alourdir leur fardeau. « Cumuler les tâches, les fonctions et les rôles ne pouvait mener qu'à la double journée de travail, au surmenage et à un productivisme effréné [2]. » Pour prétendre à une éga-

---

[2] Gaucher, Laurendeau, Trottier, 1981, p. 140.

lité illusoire, il fallait faire plus que les hommes, il fallait rester fémi-nines tout en se montrant à la hauteur des rôles masculins, il fallait devenir une « femme-orchestre ».

Le contrôle professionnel sur le quotidien

Avec l'industrialisation, les femmes ont été graduellement dépossé-dées du travail productif au sein de la famille. Pis encore, on constate aujourd'hui que, tout en demeurant responsables du quotidien, les femmes sont de plus en plus dépossédées du contrôle sur les tâches domestiques à mesure que des experts de tout acabit pénètrent et réglementent scientifiquement la vie privée.

Dans les économies domestiques où la famille est à la fois unité de production et unité de consommation, le travail des femmes est essentiel. Avant la révolution industrielle, les femmes fabriquaient le pain, le beurre, le savon, les vêtements, etc. La valeur de leur pro-duction était inestimable et on n'aurait pu imaginer le fonctionne-ment de l'économie familiale sans elles. Bien sûr, les femmes ne pou-vaient échapper à leurs responsabilités productives et reproducti-ves : elles n'avaient pas le choix et, en ce sens, elles étaient aliénées. Mais d'autre part, elles avaient une grande latitude quant à la manière d'accomplir ces tâches, tout comme les artisans qui, à l'épo-que, exerçaient un contrôle véritable sur leur propre travail.

Aujourd'hui, le quotidien est de plus en plus pris en charge par des experts dont les femmes exécutent les conseils. En quelque sorte leur travail domestique est déqualifié puisqu'elles ont perdu le con-trôle sur la façon de l'accomplir. Les femmes sont désormais décré-tées incompétentes dans leur domaine traditionnel. En fait, c'est le pouvoir traditionnel des femmes, leur autorité domestique qui tend à s'éroder aujourd'hui, sans que d'autres pouvoirs ne viennent s'y substituer.

Les conséquences d'une telle transformation sont cruciales pour le pouvoir et la vie des femmes. Leur fardeau domestique s'est accru tout en se routinisant. En effet, les tâches que l'on qualifie aujourd'hui de ménagères prenaient peu de temps dans la vie des femmes d'avant la révolution industrielle. Elles étaient même des ménagères négligentes selon les normes contemporaines : au lieu du ménage quotidien ou hebdomadaire, il y avait le ménage du prin-temps ; les repas étaient simples et répétitifs ; on ne changeait pas souvent de vêtements pour espacer les lessives à une fois par mois ou même par trois mois.

Si leur rôle était essentiel au niveau de la mise au monde et du maternage des enfants, les femmes n'étaient guère animées de cet instinct maternel qui est la norme aujourd'hui. L'histoire nous montre que l'enfant est plus souvent un fardeau qu'un bienfait : la pratique de l'infanticide, l'abandon des enfants, le refus d'allaiter, les mises en nourrice témoignent de la relative indifférence des mères face à leurs enfants à certaines époques. L'amour maternel n'est donc qu'un sentiment essentiellement contingent, c'est-à-dire historiquement et socialement déterminé.

En dépit des difficultés de se procurer des moyens contraceptifs puisqu'ils ont longtemps été interdits, en dépit de l'ignorance de leur cycle de reproduction, les femmes ont opposé une résistance farouche et relativement efficace aux maternités nombreuses et rapprochées. Nous savons que les moyens contraceptifs et l'avortement existent depuis la nuit des temps. Dès l'Antiquité, les femmes ont utilisé toutes sortes de moyens pour éviter la conception : la magie, le coït interrompu, les éponges introduites dans le vagin, les douches vaginales au vinaigre, l'avortement provoqué soit par l'ingestion de potions abortives, soit par l'insertion d'instruments de toutes sortes dans l'utérus et, finalement, l'infanticide, très répandu jusqu'au début du 19e siècle. En fait, bien avant que la science médicale ne se développe [3], de nombreux moyens contraceptifs contrôlés par les femmes étaient en usage partout dans le monde.

En effet, la montée de l'expertise professionnelle a dépossédé les femmes du contrôle qu'elles avaient traditionnellement sur la reproduction et sur le corps. Leur vie reproductive est passée sous le contrôle direct des médecins, sexologues, psychologues et autres qui ont établi leur monopole de compétence sur les contraceptifs efficaces, sur l'accouchement et l'avortement, sur la fertilité et la sexualité des couples, sur les problèmes affectifs et émotionnels des enfants et sur l'art de les éduquer sans les traumatiser. Les responsabilités ménagères de l'alimentation de la famille et les soins au mari et aux enfants tant au niveau de l'hygiène, de l'entretien des vêtements et

---

[3] La diminution du taux de fécondité avant les années 1930-40 est un signe de la relative efficacité de la contraception non médicale. Par exemple, le taux de fécondité par femme blanche aux États-Unis, n'a cessé de décliner depuis 1800, c'est-à-dire bien avant l'introduction de la pilule et du stérilet : 1800 : 7,04
1850 : 5,42
1900 : 3,56
1950 : 3   Gordon, 1976, p. 48

de la maison, sont désormais régies par des règles précises édictées par des diététistes et autres experts en sciences ménagères, de telle sorte qu'en dépit de la disponibilité d'appareils ménagers sophistiqués, les exigences domestiques se sont élevées et complexifiées. En fait, avec l'industrialisation et l'urbanisation, c'est du contrôle de la production et de la reproduction de la main-d'oeuvre dont les femmes ont été graduellement expropriées.

La rationalisation de la sexualité

L'élargissement du rôle des femmes par leur intégration au marché du travail et l'invasion graduelle du contrôle professionnel dans nos foyers, en bouleversant l'organisation familiale, ne pouvaient qu'entraîner des modification radicales dans les normes du comportement sexuel et reproductif.

Fait absolument nouveau dans l'histoire de l'humanité, les femmes ont désormais le choix d'échapper à leur destin biologique pour ne mettre au monde que les enfants qu'elles désirent. Avoir ou ne pas avoir d'enfants est une question qui commence à se poser pour les femmes et qui suscite beaucoup d'ambivalence. S'il était courant auparavant de mettre au monde des enfants dont on ne voulait pas, ce n'est guère acceptable aujourd'hui : la maternité n'est plus qu'un choix rationnel et nécessairement heureux qui relève du savant calcul du solde des pour et des contre. L'enfant est planifié tout comme la carrière ou l'achat d'une maison. Rien n'est laissé au hasard. Une grossesse non désirée devient donc un sacrilège au même titre que l'avortement : de telles anomalies sont le fait de femmes étourdies dont le comportement irresponsable est à condamner. N'ont-elles pas tous les atouts pour prendre une décision sans équivoque sur leur maternité ? Peut-être, mais c'est oublier la double tâche à laquelle se résignent les femmes qui veulent à la fois travailler à l'extérieur et avoir des enfants, et l'ambivalence qui résulte de ce choix nouveau et combien angoissant entre la maternité et le travail rémunéré, entre l'accomplissement de son rôle de femme et la réalisation de ses aspirations personnelles. Nous sommes à l'ère de la maternité heureuse et euphorique où l'amour maternel va de soi. Mais le malaise persiste. Les dépressions post-partum, les premières grossesses tardives plus nombreuses qu'avant, les avortements qui ne cessent d'augmenter témoignent de la difficulté à choisir d'être mère ou de ne pas l'être. Épanouissement ou réduction, le rôle maternel est le lieu même de nos sentiments contradictoires.

Parallèlement, les femmes découvrent leur sexualité, libérées du poids de la virginité et de la peur des grossesses. Les rapports sexuels sont donc sans conséquences. L'amour, que l'Occident lie organiquement au sexe depuis déjà quelques générations, disparaît au profit du plaisir et de l'orgasme. L'engagement des hommes dans les rapports sexuels s'atténue. Le coït n'est-il pas la réponse à un besoin physique de même nature que la faim ? La banalisation des rapports sexuels est à la mode et l'on est vieux jeu de se priver du plaisir qu'ils procurent, semble-t-il, automatiquement. La morale sexuelle s'est radicalement modifiée : les interdits d'autrefois sont devenus les prescriptions d'aujourd'hui.

Quel profit les femmes tirent-elles de ce qu'on a appelé leur émancipation ? Que leur apporte la « libération sexuelle » ? Essentiellement, c'est le droit de choisir. Mais très subtilement, ce droit est encadré par une nouvelle morale tout aussi contraignante que la précédente. Le droit de changer de partenaire sexuel ne souffre guère que l'on se contente d'un seul à la fois ou pis encore, du même partenaire pour toute la vie. Le droit d'aimer faire l'amour et d'en jouir se scandalise du refus des rapports sexuels. Le droit d'avoir des enfants que l'on désire se mue en obligation de désirer tous les enfants que l'on a. Les derniers contreforts de notre intimité, notre vie sexuelle et reproductive, sont soumis aux assauts de la raison, de la planification et de la technique. Sont-ce là des gains pour les femmes ou de nouvelles formes d'oppression ?

Le tournant du mouvement

Pour se défendre contre l'exclusion sociale, les femmes se sont battues sur le terrain des autres, adoptant leur logique, leurs valeurs, leur rationalité et leur objectivité. Aujourd'hui, au contraire, elles cherchent à faire reconnaître la valeur de leur subjectivité et l'importance sociale de leurs tâches. Après avoir cherché l'égalité à tous les niveaux au prix même de l'assimilation au modèle masculin, le but du mouvement des femmes s'est déplacé. Il ne s'agit plus seulement de conquérir des droits et du pouvoir, mais de définir et d'imposer de nouveaux rapports sociaux et humains, un nouveau type de société.

Prises entre deux mondes, l'univers domestique et l'univers social, les femmes développent une critique profonde de la logique marchande, critique qui se situe à l'opposé du divisible et du quantifiable où tout ne s'évalue qu'à l'étalon productivité-efficacité-rentabilité. Un cri de révolte s'élève contre la déshumanisation et le technicisme des rapports sociaux. L'obsession du pouvoir et de l'autorité, la hantise des ambitions et du contrôle, se heurtent aujourd'hui à l'importance de la qualité de la vie, de la communication, de la non-compétition, à l'importance d'être à l'écoute de son corps et de ses émotions.

Dans ce mouvement à l'allure « rétro », les tenants du « small is beautiful » s'élèvent contre l'utilisation que l'on fait de la technologie moderne et prônent le retour à une organisation sociale aux dimensions plus humaines où la solitude, les tendances destructrices et violentes seraient annihilées grâce à une vie communautaire intense. Pour les femmes, cette opposition se manifeste par la reconnaissance de la valeur des rôles et des fonctions qui leur sont propres. Après avoir fait des tâches quotidiennes liées à la reproduction et au ménage l'étendard de l'aliénation, les femmes retrouvent dans l'univers domestique des moyens pour échapper aux rapports sociaux déshumanisants, à la perte de contrôle et de pouvoir sur leur temps et leurs activités que leur inflige la double journée de travail. Toujours en marge et partiellement autonome de la logique marchande, la production domestique devient le lieu privilégié pour organiser une résistance au productivisme effréné qui réglemente nos sociétés occidentales modernes.

Exclues de la production et réduites à la consommation depuis l'avènement de l'industrialisation et de l'urbanisation, les femmes sont aujourd'hui dépossédées du contrôle et du pouvoir qu'elles exerçaient dans l'accomplissement des tâches domestiques. Envahi par la technologie et le « fast food », contrôlé par les professionnels, le travail ménager est de plus en plus parcellisé. Cette brèche dans l'univers domestique est un obstacle sérieux, mais pas encore une contrainte insurmontable, à l'utilisation des actes les plus simples de la vie quotidienne comme tremplins à la création de nouveaux rapports sociaux. Car c'est bien à travers l'éducation, le soin, l'alimentation, les relations affectives, le « placottage », les flâneries, l'amour, la tendresse et le jeu que les femmes puisent leur subjectivité, leur imaginaire, leurs fantaisies, bref, trouvent l'énergie et l'inspiration pour s'opposer farouchement à la logique marchande.

Mais, il faut être prudent : la valorisation des tâches et des fonctions propres aux femmes peut être un véritable piège dans la conjoncture économique actuelle. En période de récession et de chômage, ce retour à l'univers féminin risque de nous reconduire, sans plus de cérémonie, à l'exclusion, au manque et à la névrose. Mal orchestrée, la nouvelle tangente de la lutte des femmes pourrait éveiller de vieux réflexes, qui ne sont malheureusement pas encore endormis, et exclure les femmes du marché du travail rémunéré. Ce ne serait d'ailleurs pas la première fois qu'on nous renverrait à nos chaudrons.

Située à la limite du piège de l'aliénation et d'un véritable projet libérateur, fascinant et plein de promesses, la nouvelle tangente du mouvement permet au moins aux femmes de cesser de se percevoir exclusivement comme victimes, coupables, exclues et sans pouvoir.

Bibliographie

BADINTER, Élizabeth, *L'Amour en plus,* Flammarion, Paris, 1980.

COLLIN, Françoise, « Pour une politique féministe, fragments d'horizon », *Cahiers du Grif,* n° 6.

DELAISI de PARSEVAL, Geneviève, LALLEMAND, Suzanne, *L'Art d'accomoder les bébés,* Seuil, Paris, 1980.

DESCARRIES-BÉLANGER, Francine, *L'École rose... et les cols roses,* Éditions coopératives Albert Saint-Martin, Montréal, 1980.

EHRENREICH, Barbara, ENGLISH, Deirdre, *For Her Own Good,* Anchor Press, New York, 1979.

GAUCHER, Dominique, LAURENDEAU, France, TROTTIER, Louise-Hélène, « Parler de la vie : l'apport des femmes à la sociologie de la santé », *Sociologie et sociétés,* vol. XIII, n° 2, 1981.

GORDON, Linda, *Woman's Body, Woman's Right,* Penguin Books, New York, 1976.

LAMOUREUX, Diane, « Mouvement social et lutte des femmes », *Sociologie et sociétés,* vol. XIII, n° 2, 1981.

MESSIER, Suzanne, *Chiffres en main,* Conseil du statut de la femme, Gouvernement du Québec, 1981.

VANDELAC, Louise, « ... Et si le travail tombait enceinte ??? », *Sociologie et sociétés,* vol. XIII, n° 2, 1981.

ZIMBALIST ROSALDO, Michelle, LAMPHERE, Louise, *Woman, Culture and Society,* Standford University Press, Californie, 1974.

Les soins infirmiers : un ghetto

Louise Chartier et Denise Paul *

Un certain nombre d'événements soulèvent présentement des questions douloureuses en ce qui a trait à la profession d'infirmière. Comment se fait-il qu'à 50 000 au Québec, les infirmières n'aient pas plus d'emprise sur les soins de la santé ? D'une part les infirmières s'entendent sur la nécessité d'humaniser les soins et, d'autre part, dans leur exercice professionnel, elles sont trop souvent aliénées dans une structure qui fait qu'il est très difficile d'avoir des contacts suivis avec des clients. Plusieurs infirmières valorisent une approche globale, humaniste, mais c'est la supertechnologie qui gagne dans les hôpitaux, et les mesures administratives font qu'il est très difficile pour l'infirmière de s'arrêter pour parler pendant 10 minutes à un client, alors que ce contact serait jugé très important dans le soin de celui-ci. Les infirmières valorisent souvent un contact suivi en termes de continuité de soins avec des clients, mais sont trop souvent soumises à des horaires rotatifs qui font qu'elles doivent changer de service jour après jour par suite de contraintes d'ordre administratif. Alors que la profession d'infirmière se définit par son emphase sur la santé, on entend malheureusement parfois parler de comités à hautes instances ministérielles, là où les décisions se prennent, où l'absence des infirmières est remarquable.

---

* Enseignantes en sciences infirmières, Université de Sherbrooke

On pourrait continuer cette liste de problèmes assez longtemps mais on doit aussi la mettre en parallèle avec le silence des infirmières, un silence qui dure depuis très longtemps et qui souvent n'est interrompu que pour un éclatement très subit, très global, de colère sans lendemain. On peut se rappeler ici la contestation par un des syndicats des infirmières il y a quelques années, quand les infirmières se prononçaient globalement contre leur Ordre des infirmières, contre les médecins, contre le gouvernement, contre les administrateurs d'hôpitaux et contre les hommes.

Face à ce silence des infirmières, Micheline Dumont-Johnson (1981) écrit : « lorsqu'il s'agit de condition féminine les 50 000 infirmières du Québec se taisent ou à peine entend-on un murmure. Comment expliquer ce phénomène alors qu'elles représentent le groupe féminin le plus important au Québec et que le mouvement de libéralisation est maintenant devenu une réalité sociale ». La perspective historique peut nous apporter ici quelques lumières sur ce silence. Depuis notre naissance sous Florence Nightingale tout s'est allié autour de nous pour que la profession infirmière demeure une occupation, un travail de femme, acceptable certes, mais un travail et non une profession, telle le droit ou la médecine, professions traditionnellement occupées en majorité par des hommes. Notre voix s'est pourtant parfois fait sentir de façon épisodique et sporadique, par exemple lors des efforts de nos prédécesseurs pour ouvrir l'accès à l'université aux infirmières, ce qui fut fait dès 1899 aux États-Unis et dans la première moitié du 20e siècle au Québec. Cependant cet accès ne s'est jamais généralisé et, aujourd'hui encore, cette question est à l'ordre du jour. Un autre exemple de cri temporaire et sans lendemain fut l'obtention par les mouvements syndicaux de salaires acceptables, ou même la reconnaissance professionnelle exclusive par le législateur au Québec. Mais tous les efforts en ce sens n'ont semblé porter fruit que sur des points bien précis et en aucun temps ne semblent avoir modifié l'image de nous-mêmes, l'image que les bénéficiaires ont de nous ainsi que l'image que les autres professionnels ont de nous. De ce fait, notre pouvoir ne s'est que peu ou pas fait sentir dans l'organisation du système de santé, et encore moins dans les choix politiques des priorités de santé.

Serions-nous encore sous l'emprise d'une éducation qui nous a trop longtemps enseigné la soumission et la conformité. Plusieurs auteurs ont largement documenté le système d'éducation d'apprenti (dont Ashley 1977, Sandalowski 1981) dans lequel les infirmières ont été longtemps formées, et chacune de nous a sûrement plusieurs exemples pour venir étoffer cet apprentissage de la soumission et du respect de l'autorité. Qui ne s'est pas déjà levée pour présenter la pile de dossiers à monsieur le docteur. On peut se demander si une éducation favorisant la conformité n'est pas un antidote à un type d'apprentissage qui nous permettrait de récupérer le pouvoir qui nous appartient. Certains auteurs parlent de la même profession d'infirmière comme d'un ghetto occupationnel (Dumont-Johnson, 1981). Cette profession peut être vue comme un ghetto en ce sens qu'elle reproduit le stéréotype de la femme qui sert, qui soigne, qui est dans l'ombre et qui constituait jusqu'à il y a quelques années, un des seuls choix de carrière acceptable pour les femmes, qui s'y sont cantonnées en grand nombre. Par ailleurs peu d'infirmières ont pris leur profession au sérieux, et plusieurs d'entre elles la considèrent, ou l'ont trop longtemps considérée, comme un emploi temporaire plutôt que comme une carrière à temps plein. Cette tendance s'est inscrite dans le grand courant qui voyait l'école d'infirmière comme une très bonne préparation au rôle de mère de famille. Une infirmière était bien préparée à la vie et la profession se mariait très bien avec les exigences du rôle de mère et d'épouse. Aujourd'hui les infirmières se trouvent prises dans le paradoxe d'exigences professionnelles autonomes alors que leur bagage antérieur les poussait plus à une occupation partielle dans des valeurs de soumission à des autorités. Micheline Dumont-Johnson parle du groupe des infirmières comme d'un microcosme où se retrouvent magnifiées les conditions de vie des femmes. Pour un peu étoffer cette condition des femmes plutôt servantes que professionnelles à part entière, l'enquête Secor (1979) apportait entre autres le résultat suivant : 50 % des infirmières sont d'accord avec l'énoncé suivant, « le travail d'une infirmière consiste principalement à exécuter les soins sous ordonnance médicale ». Peut-on vraiment ici penser que la jeune génération s'est éloignée de l'esprit de soumission ? Fait assez troublant, les rares hommes qui font maintenant partie de ce ghetto de femmes sont surreprésentés dans les postes de pouvoir. Comme le rapportent Morin et Fournier (1978), plus du tiers des directeurs de soins infirmiers au Québec sont des hommes alors qu'ils comptent pour à peu près 5 % de la population des infirmières et qu'ils ne sont admis dans la profession que depuis 1969.

Les médias ont largement contribué à renforcer une image très traditionnelle chez l'infirmière. Pensons à la chère Consuelo dans le Dr. Wilby. Elle répond au téléphone, elle accompagne le bon médecin, elle prend bien soin de lui. On peut se demander si c'est vraiment l'image que nous aimerions voir d'une professionnelle. Kalisch et Kalisch (1981) ont largement documenté ce rôle des médias dans leur étude sur l'image de l'infirmière psychiatrique véhiculée par les films entre 1930 et 1980. Ils en viennent à des conclusions pour le moins décevantes. Au niveau professionnel les infirmières psychiatriques sont plus susceptibles de détenir un poste administratif — donc d'avoir un certain pouvoir. Par ailleurs ces infirmières ne présentent aucun attrait sexuel (coiffure, uniforme rigides) et ne sont jamais impliquées dans des relations amoureuses. Ces infirmières manifestent un manque flagrant de sympathie, chaleur et altruisme et abusent de leur pouvoir avec les clients. On n'a qu'à se souvenir ici de « Vol au dessus du nid de coucou ».

L'image dominante de l'infirmière psychiatrique dans ces films c'est celle d'une femme frustrée, âgée, non mariée et occupant un poste de pouvoir qu'elle utilise à des fins de sadisme, de revanche ou de profit personnel. La seule image positive de l'infirmière psychiatrique à apparaître en 45 ans de films est celle de la jeune, jolie, mais impuissante infirmière, qui légitimise son implication dans le domaine de la santé mentale en gagnant l'amour du psychiatre chef du service. L'image dominante négative n'est pas menacée par la présence de cette image positive car dans ce dernier cas, l'infirmière n'est pas vraiment prise au sérieux au niveau professionnel.

Une autre caractéristique de notre ghetto, c'est que plusieurs de nous n'avons pas conscience d'être dans un ghetto. Plutôt que de regarder notre oppression comme venant de l'extérieur, nous nous engageons dans des luttes de compétition à l'intérieur de la profession, compétition entre les différents niveaux — baccalauréat, Cégep, anciens diplômes d'infirmières, maîtrise, chacune tapant sur la tête de l'autre de façon à niveler les différences. La compétition existe aussi entre différents profils pour atteindre un même niveau, par exemple au niveau du baccalauréat. Cette compétition se manifeste aussi entre différents niveaux de fonctions comme nous le fait remarquer Barbara Stevens (1980). Elle nous cite moults exemples où tous les postes et fonctions non directement liés au chevet du malade ont été décriés et dévalorisés par les membres de la profession. Nous avons donc décrié et abaissé tous les rôles de multiplicateur des décisions politiques et autres rôles en position d'influence. Selon elle, nous devons apprendre, et rapidement, à défendre, supporter et épauler nos leaders où qu'ils se situent dans l'échelle puisque sans eux nous ne pourrons jamais atteindre quelque parcelle du pouvoir. Sandelowski (1981) documente pour sa part l'absence de pouvoir de nos leaders. Au Québec, plusieurs directrices des soins infirmiers commencent à vivre le recul de pouvoir par rapport à il y a une dizaine d'années. La campagne de la Corporation des médecins au sujet de la loi 27 n'est pas très encourageante dans ce sens-là, au niveau de sa suggestion d'assujettir la direction des soins infirmiers au directeur des services professionnels.Il semble que ces données que nous vivons au Québec rejoignent Sandelowski lorsqu'elle décrit les médecins comme les « uncles Tom » qui ne veulent que maintenir le statu quo au niveau de leur pouvoir. Dans ce système les rares infirmières qui atteignent des postes de pouvoir deviennent les abeilles reines — les *queen bees* — et n'ont d'autre but que d'empêcher leurs soeurs plus jeunes d'aspirer à des postes d'autorité ou de direction.

Notre ghetto est encore plus patent lorsqu'on songe au peu de force dont nous disposons pour protester. La profession d'infirmière véhicule une image tellement traditionnelle des femmes que même le mouvement féministe s'en tient plutôt loin, et continue de voir les infirmières comme des alliées des médecins, plutôt que comme des femmes aliénées qui rencontrent des problèmes. Ceci peut s'expliquer par le fait que les infirmières n'ont pas parlé assez fort et ne se sont pas engagées politiquement. Peut-être ne se sont-elles pas engagées justement parce qu'elles étaient tellement aliénées dans ce microcosme ! Pendant ce temps, de l'extérieur, on les a vues comme des gens irresponsables, et non conscientisés aux causes féministes plus politiques. Par ailleurs, les infirmières qui s'impliquent dans les mouvements féministes, ne le font pas toujours à titre d'infirmières.

Une autre dimension que nous avons choisi de regarder est celle que nous avons nommée le refus du pouvoir. Celui-ci consiste à s'abstenir d'accepter tout poste, toute responsabilité, qui puisse à un moment donné donner accès à une certaine forme de pouvoir, sur un conseil d'administration, sur un comité consultatif ou un poste administratif par exemple. Cependant il n'est pas question ici de nous battre la coulpe en affirmant que puisque nous refusons ces responsabilités, nous refusons en même temps le pouvoir. Il faut peut-être examiner les raisons qui nous poussent à refuser. On peut en énumérer plusieurs, notre socialisation, notre formation, notre double responsabilité de femmes ; notre travail à la maison qui doit se faire après celui pour lequel nous sommes payées. Toutes ces raisons sont bonnes et expliquent peut-être des résultats comme ceux que nous avons vus dans l'enquête Secor (1979), soit le haut taux de participation des hommes dans les prises de décision de notre profession.

C'est un peu comme si nous, femmes et infirmières, n'avions pas de possibilités de demi-mesures en termes de pouvoir. Ou bien je n'accepte aucun pouvoir, aucun comité de décision pour un tas de bonnes raisons, parce que je ne me sens pas bonne, parce que j'ai

l'impression que moi je n'ai pas le temps, parce qu'il faut que je sois
là pour le souper de mes enfants, parce que mon mari a une carrière
trop importante, ou bien il y a l'autre extrême où là je sors de ma
coquille et j'accepte, je m'engage, j'accepte les postes que ce soit de
présidente de corporation, présidente de l'Ordre. Qu'est-ce qu'on
attend de moi, qu'est-ce que la masse des infirmières attendent de
leur présidente ? Je pense bien honnêtement qu'on attend souvent
qu'elle soit un surhomme, qu'elle rentre dans le pouvoir à la façon
d'un homme et n'ait plus le droit d'avoir une vie de famille, car elle
doit être partout en même temps. C'est vraiment l'absence d'une
mesure pondérée du pouvoir qui nuit autant à l'infirmière qui le
refuse qu'à celle qui l'accepte. Il faut peut-être questionner ici la
façon dont est vécu le pouvoir dans notre société. Lise Payette (1982)
peut nous aider à réviser notre notion de pouvoir lorsqu'après la carrière dont elle est sortie, peut-être avec un peu d'amertume, elle dit
que si les femmes prennent le pouvoir il faudra que ce soit pour le
changer. La question à se poser est peut-être la suivante : dans quelles conditions sommes-nous prêtes à prendre le pouvoir ? Sommes-
nous prêtes, comme le demande Fournier (1978), à le prendre à tout
prix, à le prendre pour le prendre, à le prendre aux dépens de notre
liberté, de valeurs que nous vivons comme l'amitié, l'amour, à le
prendre aux dépens d'être en santé, à le prendre aux dépens d'un
certain bonheur dans la vie, d'une certaine vie sociale que nous avons
choisie. Quel prix voulons-nous y mettre ?

Une fois le prix déterminé, il peut être avantageux de consulter
des auteurs qui ont regardé les professions féminines, plus particulièrement la profession infirmière, et qui nous donnent certains indices
pour regarder notre sphère d'influence ou notre sphère de pouvoir,
ainsi que des moyens que nous devrons mettre en oeuvre si nous voulons récupérer notre pouvoir. Gordon Lippitt (1980) affirme que le
pouvoir de l'avenir n'est pas le pouvoir via l'autorité mais le pouvoir
d'influencer les événements et les décisions. D'autres auteurs y
voient au contraire une différenciation nécessaire entre les notions
de pouvoir, d'autorité et d'influence (Beck 1982). Lippitt nous suggère quatre façons de vérifier notre sphère d'influence, ainsi que
diverses habitudes à développer si nous voulons modifier le rapport
de force qui existe actuellement entre le pouvoir politique, le pouvoir
médical et le pouvoir bureaucratique.

Une première exigence selon Lippitt est de regarder notre rôle
dans l'institution, quel qu'il soit. Que je sois infirmière de chevet,
infirmière-chef, directrice de soins. Jetons-y un regard critique. Est-
ce que ce rôle est clair ? Est-ce qu'il est reconnu par l'institution ?

Est-ce qu'il est compris par tous ? L'exemple qu'il aime à citer pour illustrer sa pensée sur la reconnaissance liée au pouvoir des personnes est celui-ci : « Lorsque je pénètre dans une institution, dit-il, et que je désire rencontrer la directrice des soins infirmiers ou son adjointe, si on me dirige de la façon suivante — veuillez traverser la porte marquée sortie, descendre au sous-sol, faites bien attention aux tuyaux pour ne pas vous y frapper la tête, allez au bout du corridor et vous verrez, il y a là une porte rouge, vous pouvez y frapper, elle doit être là — et qu'à ce moment-là vous pénétrez dans un bureau exigu, sans fenêtre, avec une table de travail surchargée, vous pouvez, dit-il, remettre en question, sans risques, son influence ainsi que la valeur que l'organisation lui reconnaît. »

Un autre élément — quelles sont nos connaissances en soins, sont-elles vraiment à jour, est-ce que l'on reconnaît notre expertise sur toutes les questions qui ont un lien avec le soin des malades ? Combien de fois dans notre carrière professionnelle avons-nous pu y retrouver sur le dossier d'un client la prescription médicale suivante : médicament, traitement, et quelques lignes plus bas, nursing et à cet endroit le médecin dictait les soins qui nous sont propres et qu'il jugeait que nous devions accomplir. Lors des discussions préparatoires à ce colloque, nous nous sommes souvenues du TLC qui était prescrit à une époque par de nombreux médecins — Tender Loving Care — je ne crois pas que dans ce cadre notre expertise sur les soins était très reconnue.

La troisième façon de vérifier notre sphère d'influence selon Lippitt, c'est de se demander qui l'on connaît, avec quels membres de l'organisation pouvons-nous avoir des relations égalitaires et détendues. Il nous suggère la question suivante : à qui puis-je téléphoner à 8h le soir pour discuter d'un problème ? C'est une façon de tenter de situer notre groupe de référence (peer group). Un autre élément à scruter : la compétence requise pour faire le travail pour lequel on nous emploie, ou le travail que je fais requiert-il une compétence et une expertise manifestes. Est-ce que les gens qui m'entourent peuvent sentir cette expertise et y faire appel lorsqu'ils en ont besoin ? Il est évident qu'il ne saurait être question de recettes ou de trucs pour nous apporter le pouvoir de façon instantanée, cependant il y a peut-être certaines habiletés qui nous seraient nécessaires et utiles à développer pour en venir à augmenter le leadership professionnel. Certains auteurs parlent de « what nursing schools never taught », ce que l'école d'infirmière ne nous a malheureusement jamais enseigné.

Voilà donc un résumé des expertises à développer par celles qui sont insatisfaites de leur zone d'influence actuelle. Tous les auteurs s'entendent donc pour nous inciter à apprendre les mécanismes politiques de notre système. Quelles sont les personnes qui détiennent les postes clés, une autorité incontestée sur un domaine ? Ce n'est pas toujours le directeur général. Il faut aussi apprendre à connaître les centres ou groupes d'influence dans l'organisation, connaître leur force véritable, qu'il s'agisse du Conseil des médecins-dentistes, ou du comité des bénévoles.

Lippitt comme d'ailleurs Stevens insiste beaucoup sur le développement de nos habiletés d'auto-critique, la nécessité de demeurer les yeux ouverts face à soi, face à soi-même et face à notre organisation, afin d'y déceler les failles et de pouvoir rapidement instaurer les changements nécessaires à l'organisation et au maintien du leadership que l'on veut exercer. Une expertise à ne pas oublier, l'utilisation de son propre charisme. Tous, nous possédons une certaine dose de charisme, mais nous n'en sommes pas conscients et l'utilisons de ce fait très peu. Il faut donc apprendre à se connaître, connaître notre propre personnalité, notre propre façon de communiquer avec les autres et leur façon de nous percevoir. On pourra ainsi travailler avec ce que « je suis », développer un style personnel. Vous devrez, dit-il, développer certaines habiletés face au phénomène du changement et aux manifestations diverses de la résistance au changement. Développer en plus notre habileté à conceptualiser le phénomène des soins infirmiers et de son apport spécifique aux secteurs des soins de santé. Donc en arriver à une conception claire, précise et facilement communicable du service unique de notre profession. Augmenter notre capacité de synthèse, c'est-à-dire notre capacité à faire le lien entre les éléments et expertises diversifiées de notre formation pour les unifier en des programmes innovateurs. Augmenter notre flexibilité, savoir modifier rapidement et efficacement notre style de leadership pour qu'il soit approprié aux personnes, au moment actuel et aux situations telles qu'elles se présentent dans le « ici et maintenant ». Pour ce faire, il faut demeurer constamment aux aguets, critiques face à nous-mêmes et à nos réalisations, capables de créer et de maintenir une équipe de support.

Toutes ces expertises sont inhérentes à toute pratique du pouvoir, mais nous devons apprendre à les appliquer à la pratique professionnelle en nursing. C'est là le défi que nous pouvons nous proposer.

Bibliographie

ASHLEY, JoAnn, *Hospitals, Paternalism and the Role of the Nurse,* Teachers College Press, New York, 1977.

BECK, C.T., « The conceptualisation of power »,*A.N.S.,* juin 1982, p. 1-17.

CHENEVERT, Mélodie, *L'Affirmation de soi,* Edisem, St-Hyacinthe, 1980.

DESCARIES-BÉLANGER, Francine, *L'École rose... et les cols roses,* Éditions coopératives Albert Saint-Martin, CEQ, 1980.

DUMONT-JOHNSON, M., « Les infirmières cols roses ? », *Nursing Québec,* n° 6, septembre-octobre 1981, p. 10-19.

EHRENREICH, B. et ENGLISH, D., *Sorcières, sages-femmes et infirmières,* Les Éditions du remue-ménage, Montréal, 1976.

GOUVERNEMENT DU QUÉBEC-CSF, *Essai sur la santé des femmes,* Éditeur officiel du Québec, 1981.

KJERVIK, Diane, MARTINSON, Ida M., *Women in Stress: A Nursing Perspective,* New York, Appleton Century Croft, 1979, Partie I.

LIPPITT-GORDON, « Power begins with you », *N.L.N. Publ.,* 1980.

LOVELL, Mariann C., « Silent but Perfect "Partners". Medicine's Use and Abuse of Women », *Advances in Nursing Science,* vol. V 3(2), 1981.

MORIN, Sylvia et FOURNIER, Gaétane, *Des femmes au pouvoir,* Les Éditions Sherbrooke, Sherbrooke, 1978.

PAYETTE, Lise, *Le Pouvoir connais pas,* Éditions de l'homme, Montréal, 1982.

PHIPPIN, Mark L., « Power, What Nursing School Never Taught », *A.O.R.N. Journal,* March 1981, vol. 33, n° 4.

SANDELOWSKI, Margarete, *Women Health and Choice,* Englewood Cliffs, N.J., Prentice Hall, 1981, chap. 8-9.

SECOR Inc., *Les Infirmières et infirmiers québécois. Leurs attitudes, leurs talents, leur satisfaction professionnelle,* Rapport de recherche, 1979.

STEVENS, Barbara J., « Development and Use of Power in Nursing », *N.L.N. Publ.,* 1980.

« Power and Politics for the Nurse Executive, *Nursing and Health Care,* novembre 1980, p. 208-212.

YEAWORTH, Rosalie, « Feminism and the Nursing Profession », dans Chaska, Norma L.T., *The Nursing Profession: Views through the Mist,* N.Y., McGraw Hill.

LA GAZETTE DES FEMMES, « La santé : décider pour soi », vol. 3, n° 7.

Femme seule ou célibataire?
Vers de nouveaux
modèles sociaux

Michèle Morosoli *

Le statut civil, à notre époque, ne préjuge plus du mode de vie de l'individu. La réorganisation de la vie affective a conduit vers des aménagements nombreux et divers dont ne tient pas compte le statut civil : célibataire, marié, divorcé, séparé. C'est pourquoi je ferai des distinctions entre la femme seule et la célibataire, et entre les différents lieux où la femme peut se retrouver dans un rapport d'autonomie ou de solitude.

La distinction entre la femme seule et la célibataire est une distinction idéologique. Même, elle porterait à la prescription. La femme seule subirait sa solitude; la célibataire l'agirait. La femme seule la vivrait dans une appréhension, un sentiment d'échec qui la porterait à la dépendance, à la mésestime d'elle-même. La célibataire aurait combattu les préjugés personnels et sociaux pour assumer cette solitude dans ses multiples aspects et l'apprécier comme un mode de vie suffisamment satisfaisant, enviable...

Je découperai aussi dans la vie plusieurs secteurs : vie économique et professionnelle, vie sociale, vie psychologique, vie sexuelle; et j'en parlerai comme étant indépendants dans leur rapport à leur

_____

* Enseignante en philosophie, Cégep d'Ahuntsic

organisation. En effet, une femme divorcée peut s'occuper de veiller à sa vie sociale, psychologique, sexuelle, seule, mais être soutenue par une aide financière suffisante du mari. Ou encore une femme peut aménager seule sa vie économique, sociale, psychologique mais avoir un partenaire régulier, un homme marié par exemple qui lui donne présence surtout dans le lieu de sa vie sexuelle. Ou encore, une femme mariée peut prendre en main sa vie sociale et psychologique, son mari étant absent, pris par un travail absorbant, ou insensible à ces aspects de la vie. Toute femme, donc, ou presque toute femme, à un moment de sa vie — jeunesse, rupture, relâchement dans l'entente du couple, aménagements particuliers avec son partenaire — se trouve aux prises avec la solitude.

C'est ainsi que j'aimerai aborder le sujet des femmes seules, le statut civil, divorcé, séparé, célibataire, ne me semblant pas permettre de cerner le problème avec des précisions suffisantes.

Pourquoi poser le problème de la solitude comme spécifiquement féminin et non existentiel ? Parce que la femme a été socialisée de manière à s'identifier à un rôle d'épouse et de mère (beaucoup plus que l'homme à celui d'époux et de père), rôle qui, tout au moins dans sa définition, exclut la solitude. Si cette identification ne lui est pas possible — à cause d'un revers de situation ou d'un goût différent — elle se retrouve obligée de faire la quête de son identité, quête d'autant plus douloureuse que les seuls modèles sociaux parlant la célibataire sont marqués négativement. Elle est souvent entendue comme laissée pour compte, réduite à la solitude, abandonnée.

Ainsi le problème de la solitude de la femme sera parlé à partir de sa socialisation.

Belotti [1], dans son livre *Du côté des petites filles*, devenu maintenant l'ouvrage classique de référence sur la socialisation des petites filles, commence par combattre l'idée de la nature féminine. Son argumentation radicalisée pourrait être exprimée de la façon suivante : si les règles de comportement par rapport à la virilité et à la féminité sont si rigides et nombreuses, si la peur de la déviance à ces comportements est aussi forte, si l'éducation est aussi anxieuse et tatillonne quant à l'acquisition des rôles sexuels respectifs, ne peut-on pas affirmer que, quelque part, la société, les parents *savent* que ces rôles sexuels sont à acquérir contre une nature autre ? Et suit l'analyse des multiples facteurs conditionnant les interventions — très nombreuses — des adultes en fonction du sexe de l'enfant :

---

[1] Elena Belotti, *Du côté des petites filles,* Éd. des femmes, 1974.

les multiples croyances quant à la détermination du sexe de l'enfant ; l'attitude de la famille selon la naissance d'une fille ou d'un garçon ; le choix des layettes ; l'aménagement de la chambre ; la façon de nourrir l'enfant mâle ou femelle ; la façon de permettre à l'enfant l'usage de sa mobilité, curiosité, vitalité ; l'apprentissage à la propriété ; les soins donnés au corps de l'enfant ; les jeux encouragés ou prohibés.

Bref, dès l'âge de trois ans, la petite fille a compris qu'elle doit être autonome dans les petits faits quotidiens : on fait montre d'une plus grande sévérité afin qu'elle acquière plus rapidement l'habileté d'être propre, de se nourrir promptement, de s'habiller ; et dépendante pour les choix qui lui permettraient la découverte d'elle-même : on réprime plus fortement sa mobilité, sa curiosité, sa vitalité.

Elle intériorise ce rôle social désigné comme appartenant à la femme et cette intériorisation a pour conséquence d'être vécue « naturellement », sans contrainte, avec consentement. Lieu où l'on y retrouve son identité, il est peu ou difficilement remis en cause. La femme adulte trouvera, par conséquent, normaux ses lieux de dépendance et d'autonomie d'autant plus que la société continuera de les lui demander et de sanctionner ses attitudes par des renforcements et des représailles.

Adulte, la femme se devra d'être autonome au point de vue économique (au moins durant la période où elle n'est pas en charge d'enfants) et social (il est bien vu qu'elle ait des amis, des bons rapport avec sa famille), mais elle se devra d'être dépendante au point de vue psychologique et sexuel. Si elle ne s'attache pas à son partenaire sexuel, elle est dite de moeurs légères ; si elle se sent affirmée, agressive, liée à ses besoins, elle est dite insoumise, égoïste, masculine. Son indépendance économique et sociale ne devra pas non plus outrepasser un certain degré : elle ne doit pas accéder à un revenu supérieur (et surtout pas supérieur à celui de l'homme qu'elle fréquente, convoite) et son groupe social aura une valeur provisoire (un groupe de « filles », ou un groupe à être remplacé par celui du mari appréhendé comme plus prestigieux).

On s'aperçoit que les lieux où on lui demande de l'autonomie ne sont pas — ou mal — gratifiés socialement ; que les lieux où on exige d'elle la dépendance, la privent d'exercer son individualité, de développer l'estime de soi.

Comment, dans ce jeu de modèles empreint d'ambiguïtés quant à l'autonomie, la femme peut-elle envisager sa vie en fonction d'elle-même ? Et quand elle le fait, comment peut-elle échapper à la culpabilité d'enfreindre son rôle, comment peut-elle enrayer la culpabilisation que son milieu essaiera de lui faire vivre?

On voit que, pour la femme, l'autonomie ne va pas de soi. Elle doit effectuer un travail sur elle-même pour acquérir des comportements contraires à son éducation, alors que l'environnement social lui reprochera ce travail. Coincée entre deux interdits, seule la situation par sa difficulté, son exigence, s'imposera à elle comme motivation à un changement.

On considère l'enfance comme le temps par excellence de la socialisation à cause de la malléabilité de l'enfant (il structure sa personnalité, fait ses premiers apprentissages), mais ce n'est pas le seul où l'individu fait travail de socialisation. Dès qu'il est confronté avec insistance à une situation différente, il se trouve obligé de réviser ses comportements usuels pour venir à bout de celle-ci. Les moments où se dessinent les choix de vie affective différents de ceux proposés par le social traditionnel sont des temps privilégiés de re-socialisation. Si une femme divorce ou décide de ne pas (plus) se marier, ou de vivre une relation moins ancrée dans des rôles conformistes, elle se trouve obligée de conquérir des indépendances que lui a refusées son éducation. Sinon, il lui reste à réagir d'une manière proprement « féminine », la dépression. De Koninck et Saillant [2] posent à son sujet une question intéressante : « La dépression n'est-elle pas l'expression limite de la féminité dans les conséquences impliquées par la définition qui en est proposée par la société, à savoir l'absence de contrôle sur sa vie, la dépréciation de soi, la non-confiance en ses possibilités, la difficulté à prendre des décisions? » Ces biais qui peuvent être appréciés par un mari conservateur qui aime à diriger son foyer, protéger sa femme et ses enfants, etc., sont mortifères pour une femme seule. Évidemment, personne ne peut vivre sans celui (ce) dont il est dépendant. Donc, seule, la femme est à moitié morte, à l'abandon, en vacances, à devoir être prise en charge pour survivre. Dans ces situations, la prise en charge se fait généralement par la famille ou l'institution (services sociaux, services psychiatriques), lieux qui ont souvent tendance à renforcer cette dépendance, la critique des rôles sociaux n'étant pas effectuée. Seule cette critique, à mon avis, permettrait à la femme d'assumer sa solitude avec une certaine force, sinon un certain bonheur.

---

[2] M. de Koninck, F. Saillant, L. Dunnigan, *Essai sur la santé des femmes*, Conseil du statut de la femme, 1982.

Sandra Bem[3] propose à partir d'enquêtes faites sur des réponses comportementales masculines et féminines une « androgynie », c'est-à-dire un éventail de réponses aussi bien masculines que féminines aux diverses situations rencontrées. Les « androgynes », ceux qui auraient intériorisé les réponses attendues de leur sexe et de l'autre auraient plus de chances de traverser harmonieusement les différentes périodes et situations de leur vie. De fait, le couple conçu comme une addition de complémentaires, quand il se brise, se sépare, se relâche, « libère » des moitiés d'individus qui ne peuvent arriver à la « complétude » que par l'adjonction de la moitié perdue. Une manière de réparer cete perte est le remariage rapide ; ou encore est possible la re-socialisation, dans ce cadre l'intériorisation de comportements traditionnellement dévolus à l'autre sexe. Ce travail s'avère particulièrement difficile car et la femme et l'entourage social sont « naturellement » hostiles à lui. Quelle est la femme qui, surveillant de près les dires et factures du mécanicien ou du plombier, ne s'est pas grondée d'être méfiante, impudente, pendant qu'eux, au même moment, lui faisaient sentir avec un certain mépris paternalisant qu'elle s'occupait de ce qu'elle ne comprenait pas, de ce qui n'était pas de son ressort ? L'issue de la situation est toujours malheureuse et se solde par une majoration ou une diminution du tarif, puisque le privilège (positif ou négatif) joue à la place des règles claires, explicites, extérieures, statuées, du commerce en cours dans une société aux prix standardisés. Et la femme fait les frais de toute cette « subjectivité » déployée.

Mais la transformation des images sociales se fait : les femmes se scolarisent, travaillent, manipulent de l'argent, nous dira-t-on.

Certes. Mais si on examine les images livrées par les agents culturels (livres, émissions de télévision destinées aux enfants et aux adolescents par exemple), l'image de la petite fille mièvre a disparu mais elle n'a pas été remplacée. On se trouve devant un modèle unisexe masculin. Les petites filles sont des garçons, mais avec des qualités moindres, des sous-chefs avec moins de courage, de force, d'ingéniosité. Elles sont à la remorque d'un modèle[4]. On pourrait dire qu'elles sont colonisées.

Et la femme adulte ? Devant quels modèles se retrouve-t-elle ? Elle peut rarement s'identifier à sa mère pour jouer ses nouveaux rôles sociaux. Elle peut s'affirmer comme un homme, mais ce modèle

---

[3] Cité par de Koninck et Saillant, *op. cit.*

[4] M.-J. Chombart de Lauve, *Enfants de l'image, enfants personnages des médias/enfants réels*, Paris, Payot, 1979.

de femme récrié par les hommes et les féministes n'a rien de sédui-
sant et contient déjà la défaite. Être comme un homme mais jamais
un homme ; être comme un Blanc mais jamais un Blanc... colonisation
des dominés. Elle se retrouve devant une scène sociale relativement
vide de corps-femmes pouvant être pris comme modèles. Elle se
trouve aux prises avec l'invention , avec la création de cette re-
socialisation, avec l'aide d'amies, de groupes de femmes, de repèrage
de toute inscription-femme dans le social.

Je crois que c'est le jeu de pouvoir possible à la femme. Jeu qui
peut prendre envergure et poids puisque le pouvoir ne s'exprime que
dans le rapport des positions endossées par ceux qui y participent.
Un homme est autoritaire, indépendant, agressif dans la mesure où
la femme est soumise, dépendante, influençable. Cette totalité ne
vaut que par la soumission de ses parties à elle-même. Si une partie
se modifie, si un modèle social se transforme, la transformation de
l'autre modèle sera exigée, s'en suivra... naturellement !

Les femmes, le pouvoir, les peurs

Louise Poissant *

L'hypothèse que je voudrais développer à propos de la conjonction femmes-santé-pouvoir serait la suivante : le pouvoir exercé sur les femmes se convertit chez elles en peurs, peurs multiples et souvent paralysantes. Chacune des peurs éprouvées repose sur l'image, ou plutôt sur la croyance qu'il manque quelque chose à la femme. Ce qui lui fait défaut et justifie son desarroi, c'est tout ce qui va caractériser le mâle : la raison, la force physique, l'indépendance économique, l'aptitude à désirer, etc. En d'autres termes, ce qui manque à la femme ce sont les attributs de la maturité, l'autonomie de l'adulte. Inutile d'insister sur le fait que la femme seule, dans un tel contexte, sera harcelée de pressions, de comparaisons, de mises en garde, de reproches, de plaintes. Son statut vécu non pas comme choix (elle n'a pas choisi d'être célibataire) mais plutôt perçu comme absence de choix (elle n'a pas été élue par un homme) semble à la fois repoussant et inquiétant, fascinant et menaçant. Cette ambiguïté face à sa situation accroît les pressions que l'on exerce sur elle.

D'autre part, la « crise du mariage » a provoqué une entreprise de sauvetage du couple. Assez paradoxalement d'ailleurs, alors que la vie à deux semble remise en question, on utilise le modèle du couple pour vendre des produits et des services, même dans des secteurs

---

* Enseignante en philosophie, Cégep d'Ahuntsic

qui ne s'y prêtent pas au premier abord. Une banque, par exemple, a pour slogan publicitaire « À deux on est mieux » pour inciter ses clients à ouvrir un compte d'épargne véritable et un compte courant.

Ainsi, que ce soit directement ou par le biais de l'air du temps, la femme seule subit une série de pressions. Elle est la cible de pouvoirs particuliers qui s'exercent sur elle. De ce point de vue, je définirais le mot pouvoir de la façon suivante : toute force ou pression morale ou physique exercée sur la femme et qui crée chez elle une forme d'obligation. Cette force vient en général de l'extérieur et présente un caractère contraignant : si la femme ne répond pas de la façon attendue à ces pouvoirs, des sanctions, des représailles suivront (rejets, procès de culpabilité). Quand la femme prend ces pouvoirs au sérieux, quand elle consent, ou plutôt quand elle se résoud à s'y soumettre, elle renforce l'image de sa propre soumission et ce faisant, grossit le champ de ses peurs. En effet, le pouvoir de l'Autre [1] se convertit chez elle en peurs. Ce pouvoir s'exerce d'ailleurs selon des modalités aussi variées qu'insidieuses. Depuis le « tu n'y penses pas, ne pas te marier et ne pas avoir d'enfants, plus tard tu seras seule » jusqu'au « la pauvre, son dernier chum vient encore de la laisser », toute une série de menaces et de reproches, de plaintes défilent, qui expriment que la femme seule dérange et mérite donc qu'on l'insécurise en retour. Son plus grand péché étant, du reste, celui de ne pas se conformer au modèle le plus valorisé de la femme : la femme mariée. Il est intéressant de souligner d'ailleurs que l'on dit « femme mariée » ou « femme seule ». Comme si le mot « femme » ne suffisait pas, il faut lui ajouter quelque chose. Même s'il s'agit d'exprimer un manque, comme c'est le cas en ajoutant « seule » !

Mais pourquoi le modèle du couple reste-t-il tellement prégnant alors que concrètement il est vécu comme étant difficile, piégé, aliénant. Parce qu'il garantit une stabilité et un certain ordre dans les échanges sexuels ? Pour l'éducation des enfants ? Parce qu'il compense pour la perte de l'androgynie fantasmée originaire ? Parce qu'il fait faire à l'homme et à la femme l'économie de l'apprentissage des rôles de l'autre en les unissant dans leurs différences et complémentari-

---

[1] Je mets ici l'Autre avec un A majuscule pour signifier que ce pouvoir n'est pas exercé par quelqu'un en particulier, mais plutôt qu'il est agi par des individus, le plus souvent des hommes, qui sont dépassés eux-mêmes par ce pouvoir. Ils le reproduisent, ou s'y inscrivent, mais le plus souvent sans même s'en rendre compte. Bien des femmes d'ailleurs sont coupables-victimes du même mécanisme.

tés? Parce qu'il permet à chaque conjoint de construire son identité [2] propre par le rapport à l'autre, à sa différence? Parce qu'il nous lie à la tradition et garantit un ordre social déjà établi? Parce que le couple et la famille qui s'y rattachent sont encore des unités économiquement rentables? Enfin, quelle que soit la raison et son enracinement dans notre culture, force est de reconnaître que l'image ou plutôt l'idéologie du couple travaille nos consciences, nos pratiques, nos corps.

Ces pressions, les doutes qui frappent la femme seule sont multiples et renforcent l'impression de manque. Ces images créent au-delà de peurs précises, localisables, identifiables, assez faciles à travailler, un état de malaise diffus, polymorphe, non circonscrit. La femme ne sait pas au juste ce qu'elle a, mais elle éprouve une insatisfaction, un stress, une anxiété et même une angoisse sans nom. Sans nom précisément parce que ce que son malaise recouvre, ce sont ses manques, ce qu'elle n'a pas, ou plutôt ce qu'on essaie de lui faire croire qu'elle devrait avoir pour être une femme.

La situation de la femme seule est du reste plus une menace ou une grimace faite au couple qu'une anomalie en soi. La femme seule n'est à vrai dire pas plus seule que la femme mariée bien souvent obligée ou réduite à vivre seule la maladie, la nuit, l'éducation des enfants. Et il est plus difficile d'être couchée à côté de quelqu'un qui semble avoir sa vie ailleurs, d'avoir envie d'être aimée par quelqu'un qui est indifférent, que de se coucher toute seule dans un lit vide. La solitude est plus lourde dans la présence-absence que dans l'absence simple. La femme seule est d'ailleurs plainte surtout par la femme mariée, et en fonction des coordonnées de cette dernière. La solitude de la célibataire se trouve fantasmée au pire par la femme qui pressent qu'elle devra vivre cette situation parce que le mari s'en va, parce que le couple ne va plus. Alors, on imagine bien sûr le pire... Noël toute seule, les samedis soirs...

C'est dans ce contexte de perte que la solitude de la célibataire apparaît la plus dramatique. C'est de ce lieu d'incertitude, de transition, ou de soupçons sur la qualité du vécu marié que les manques

---

[2] Notion qui serait rattachée à l'idéalisme allemand, à Schelling et à Hegel en particulier, qui montre que l'esprit, pour se réaliser, doit s'aliéner, se concrétiser, se manifester dans ce qui n'est pas lui, la matière, l'histoire. Ce n'est que par ce détour qu'il constitue son identité. L'homme et la femme auraient besoin, en ce sens, l'un de l'autre pour constituer chacun son identité, en passant par la différence, par le fait d'être reconnu par l'autre comme différent. De plus, la différence marquée entre les sexes se trouverait justifiée.

de la femme seule sont les plus gros, les plus effrayants. L'ennui, la vacuité et la solitude de la femme seule seraient en grande partie des constructions du mariage ! Et si la première intéressée souscrit parfois à ce discours, c'est que le programme social l'aura condamnée à répéter, et surtout à se répéter, qu'il lui manquait sûrement quelque chose pour qu'il lui manque un mari.

Mais à cet assaut de pouvoirs, à cette installation dans la peur, la femme seule a cependant un mot à dire. C'est elle qui vit ces pressions, c'est sa chair qui les nourrit. Le regret d'être restée seule ne peut être ressenti que parce qu'on donne dans la « nostalgie du couple ». Or il n'est pas nécessaire et inévitable de croire au couple. Si la femme fixait moins ses rêves et regardait plus ce qui se vit autour d'elle, peut-être qu'elle déchanterait du refrain obsédant qui l'habite, peut-être qu'elle pourrait danser !

En général, c'est quand le corps envoie ses sons de cloche que l'on réagit. Parce qu'on ne dort plus, parce qu'on a mal à la tête, au dos, au ventre, parce qu'on boit trop, parce qu'on a des boutons, des règles irrégulières, etc. Tout à coup, on se dit qu'il faudrait bien faire quelque chose, consulter un médecin, un thérapeute, un exorciseur de douleur-peur : quelqu'un qui pourrait bien extraire le manque, les peurs-manques, les peurs qui expriment le manque. Et pourtant, chacune sait à ce niveau qu'il n'y a pas de magicien. Alors, que faire de ses peurs ? Les vivre simplement, ou alors les laisser nous empêcher de vivre ? Il y a tout un travail de reconversion à entreprendre, travail qui consisterait à transformer les peurs en armes et en défis, à s'imperméabiliser au pouvoir, à changer les pouvoirs = pressions en pouvoirs = être capable de. Faire de la femme seule une femme (tout court), une célibataire (en un mot). Le programme n'est pas léger, mais le mal à soigner, bien qu'il soit étendu, n'est pas incurable. La preuve : des célibataires trouvent leur vie chouette. Alors, par où commencer ? Peut-être d'abord en acceptant ses peurs, en acceptant de les regarder, de les questionner, de voir à quoi elles se rattachent, ce qu'elles produisent comme effets sur soi et sur les autres. Se demander si l'on pourrait vivre sans elles. L'analyse d'une peur de femme rebondit presque toujours sur le social. Chaque peur, bien que vécue subjectivement, est provoquée par le social [3], s'y enracine. La déraciner implique : repérer à quelle pression elle est associée, comprendre que cette peur est une réponse personnelle à une agression qui est portée, réaliser qu'il y a souffrance et à la limite paralysie

---

[3] Voir le tableau des peurs ci-joint.

parce qu'une violence est faite, une violence que le corps ne tolère pas. Ainsi, la peur éprouvée peut être le déclencheur qui provoque, face à l'agression, une réaction active, tonique, un genre d'indicateur qu'une pression s'exerce.

De ce point de vue, la peur deviendrait un mécanisme de défense premier et essentiel. Le tout serait de ne pas s'y fixer, mais plutôt de la dépasser pour viser la cible qui s'y camoufle, le pouvoir qui l'a engendrée. Vue sous cet angle, la peur deviendrait un outil, un instrument, insuffisant à lui seul mais utile tout de même pour permettre de dépasser les pouvoirs subits. Ne pas se soumettre à une pression, à un pouvoir, c'est non seulement le neutraliser, lui enlever de sa force mais de plus, c'est développer des aptitudes nouvelles, c'est se rendre capable d'autres choses, c'est développer des pouvoir-savoir-faire.

Tableau des peurs
le plus souvent citées par les femmes seules

Peurs relatives	Peurs	Racines
Au travail et au matériel	— de ne pas trouver de travail	
	de ne pas gagner suffisamment d'argent pour être indépendante en ce qui concerne le nécessaire et un peu plus	Dépendance économique de la femme
	— de perdre un jour son travail et de n'avoir personne sur qui compter	
	— de ne pas pouvoir arrêter de travailler	
	— de perdre un statut social et matériel	
Aux services	— de se faire exploiter en ce qui concerne des réparations (dans l'appartement, l'auto, etc.)	
	— de ne pas pouvoir se débrouiller avec la paperasse bancaire, les comptes, les impôts, etc.	Manque de rationalité
	— d'acheter, de louer, d'emprunter	

Aux relations avec les hommes	— de vieillir et de ne plus être aussi populaire auprès des hommes et de se retrouver seule — de répéter une expérience difficile avec un homme — de n'attirer que des hommes qui ne cherchent qu'à passer le temps — d'attendre un amant marié ou d'attendre d'en trouver un — de passer pour frigide	Absence de désir, la femme n'est que le désir de l'autre
À ceux qu'elle aime	— de perdre ses amis(es) — d'être mauvaise mère — de perdre ses parents	Coupée de la famille
À la solitude	— d'être seule à jamais — d'être seule à Noël, les samedis soirs — d'être malade — de se sentir et d'avoir l'air en peine — de devenir une vieille fille aigrie, oubliée de tous — de ne pas être aimée — d'être rejetée étant donné son statut — de manger seule, de dormir et sortir seule — de ne pas avoir d'enfants	Manque une moitié pour être entière
À la force	— d'être violée — de ne pas pouvoir faire un certain nombre de choses — de tout avoir à faire par elle-même	Manque de force physique
Au succès	— de réussir, de dépasser un homme — de passer pour égoïste, dure — de passer pour ambitieuse — de passer pour féministe, de perdre sa féminité — de passer pour putain, voleuse de mari — de passer pour lesbienne — de passer pour masculine	Interdiction d'outrepasser son rôle sexuel

Les femmes à la conquête de leur pouvoir sexuel

Andrée Matteau *

La femme a la possibilité et la capacité de développer son pouvoir sexuel à partir de sa sexualité ¹ et de sa spécificité de femme. Le pouvoir sexuel est en relation directe avec le pouvoir politique et le travail, puisque chez la femme, sexe, identité sexuelle et rôles sexuels sont confondus. Pour bien se comprendre définissons les termes suivants :

— les rôles sexuels sont l'ensemble des règles organisées par la société pour nous dire comment se comporter en rapport avec notre sexe génital. Les femmes sont supposées se comporter de telle façon, les hommes d'une autre. Ces règles sont construites par la culture, non par la biologie, et s'appliquent ordinairement à compter de la naissance. « Je suis une femme parce que je m'occupe des tâches domestiques, de l'éducation des enfants et du moral de mon compagnon. »

— L'identité sexuelle s'avère être la conviction privée et personnelle que chacun d'entre nous a de sa féminité ou de sa masculinité. Cette identité se trouve au coeur de ce que nous ressentons par rapport à ce que nous sommes, et est probablement fixée vers l'âge de

---

* Sexologue

¹ Sexualité : l'ensemble des attitudes et des comportements provenant du sexe, de l'identité sexuelle et des rôles sexuels, donc sexo-psycho-social.

deux ans lors de l'apprentissage du langage. « Je suis une femme parce que je le sais depuis mon enfance. »

— Le sexe est déterminé avant la naissance : nous sommes biologiquement femelle ou mâle. « Je suis une femme parce que j'ai un utérus, un vagin, un clitoris. »

Ainsi nous esquisserons le lien entre sexualité et spécificité de femme, et nous mettrons l'accent sur deux mouvements concernant notre sexualité et notre spécificité : d'une part leur réappropriation individuelle, c'est-à-dire par chacun d'entre nous, et d'autre part leur projection dans le monde social et politique. Cette réappropriation et cette projection, en relation fort dynamique, constituent ce que je nomme notre pouvoir sexuel en tant que femme-personne [2].

Identité sexuelle et rôles sexuels

Le système patriarcal définit l'identité sexuelle féminine en fonction de la reproduction qu'il considère à la fois comme acte sexuel et reproducteur. Dans cette définition apparaissent les premières bases du sexisme : la confusion entre la biologie (le sexe) et la culture (les rôles sexuels).

Dans la vie quotidienne la reproduction se concrétise dans le rôle [3] de la femme-mère, et l'acte sexuel dans le rôle de l'homme-mâle. Le rôle social de la femme-mère s'exprime ainsi : « Je suis une femme parce que je suis avant tout une mère, donc destinée à répondre aux besoins des autres » ; « Je suis dans un rôle sexuel (substitution de personne pour rôle) de par mes capacités à faire des bébés ». L'identité et le rôle sexuel de la femme se trouvent ici confondus, puisque l'acte sexuel représente l'action du rôle de l'homme-mâle.

Le système patriarcal définit la sexualité féminine en fonction de l'acte qui permet la reproduction. Dans cette optique, sexe, identité sexuelle, rôles sexuels, coït et reproduction deviennent synonymes.

Il apparaît ici qu'on confond sexe, identité sexuelle, rôles sexuels de la femme, car sexualité coït et reproduction ne représentent qu'un seul acte : la pénétration de l'homme-mâle. Le pénis symbolise l'ultime signifiant de la sexualité humaine englobant le sexe, l'identité sexuelle et les rôles sexuels féminins.

---

[2] Femme-personne plutôt que femme-objet ou femme-rôle.

[3] Un rôle peut se définir par l'assignation culturelle de valeurs, de traits, de comportements, en fonction du sexe d'une personne ou d'un groupe donné.

Ainsi sexualité, coït et reproduction sont confondus chez la femme. En effet, une personne de sexe biologique féminin ne s'identifie vraiment au mot femme (psychologique) que si la pénétration fertilisante se produit. Sans l'acte coïtal et sans l'accouchement, la femme n'a ni identité sexuelle, ni sexe, ni existence propre. Elle n'est qu'un rôle sexuel social.

Nous revenons sans cesse au même cercle vicieux et à la même confusion ; « Je suis une femme sexuée parce que je suis pénétrée ; je suis une femme sexuée parce que le coït me permet de faire des bébés ; je suis une femme sexuée grâce au pénis ; sans pénis je n'ai pas de sexualité. » Dans ce sens, le corps de la femme est politique, puisque le système patriarcal se sert du corps féminin pour affirmer son pouvoir et le rendre viable. Si la femme se réapproprie son corps au niveau de son sexe, de son identité sexuelle, de ses rôles sexuels, elle ébranle, elle menace, elle déracine le système patriarcal, car elle devient une personne.

Ce pouvoir mâle, dit sexuel, s'élargit nécessairement à tous les secteurs de la vie : politique, économique, médical, psychologique, intellectuel et spirituel. La femme pour assumer ce qu'on prétend être une vie humaine, doit se soumettre et s'adapter aux six règles fondamentales qui régissent la fondation de notre culture patriarcale capitaliste :

1. *La standardisation* des rôles sexuels qui conduit à la division, à la séparation, à la dissection, au morcellement, au cloisonnement des valeurs, des traits, des attitudes, des comportements et du travail entre la femme et l'homme. On peut traduire cette règle par un commentaire amené par une participante de l'atelier : « Je passe à côté de ma vie pour faire comprendre à l'autre qui je suis ».

2. *La spécialisation* divise l'expression du pouvoir, dit sexuel, de l'homme-mâle sur la femme-rôle ou objet en besoins bien particuliers. La femme devient soit un vagin-épouse, la mère, la reproductrice ; soit un vagin-plaisir, la maîtresse, soit un vagin-coeur, la petite amie ; soit un vagin-cerveau, la femme de tête ; soit un vagin-payé, la prostituée ; soit un vagin-papier glacé, la pornographie.

3. *La synchronisation* intensifie le modèle-rôle sexuel mécanique et automatique de l'homme-mâle : érection-pénétration-éjaculation-résolution. De telle sorte que l'expression sexuelle de la femme se trouve complètement assujettie aux rythmes et aux comportements mâles. « Comment puis-je vivre, exprimer, agir ma sexualité à l'intérieur d'un modèle qui ne m'appartient pas », se demandent plusieurs femmes.

4. *La concentration* créée par la famille nucléaire. Le couple idéal ayant procréé deux enfants, (un garçon en premier, une fille en second, bien sûr!) devient le modèle-rôle familial le plus valorisé socialement. Cette valorisation sociale de la famille nucléaire apparaît comme un paradoxe puisque le nombre des familles monoparentales et communautaires augmente et tend à dépasser le nombre des familles nucléaires, du moins aux États-Unis. De plus cette valorisation tend à restreindre le champ d'activité de la femme en l'enfermant dans ses rôles sexuels sociaux.

5. *La maximisation* réfère au synonyme « gros », et gros devient synonyme d'efficacité. Comme la maximisation ne mesure que les activités inscrites dans un système de marché, tout un secteur vital de l'économie, basé sur une production non payée, est relégué dans l'insignifiance. Tel est le cas de la procréation, des tâches domestiques et de l'éducation des enfants. La maximisation fait de la femme-rôle au foyer un être insipide, impuissant, un parasite de la société. Il est intéressant de noter l'écart qu'il y a dans le comportement de l'homme-mâle entre « la valorisation abstraite du féminin », (la mère de mes enfants ; la grande éducatrice de la tendresse ; la génitrice de l'humanité) et « l'exploitation concrète des femmes », (la mère-objet-rôle, la femme objet-rôle, la femme battue, la femme violée, la femme incestuée, la femme harcelée, la femme prostituée, la femme pornographiée) désignées par le vocabulaire mâle suivant : une pitoune, une touffe, une beauté, un beau bébé, une belle catin, une plotte, une minoune, une chatte, une belle carrosserie, un trou à botter, une petite cervelle, un petit poulet, une poule.

6. *La centralisation* impose l'universalité du principe masculin, le pouvoir, sur tous les secteurs de la vie : politique, économique, intellectuel, psychologique, sexuel et spirituel.

En fait aux plans sexo-psycho-social, les hommes se sont emparé, par le pouvoir, de la sexualité et de la spécificité de la femme pour se définir et s'affirmer eux-mêmes, afin de faire fonctionner le système actuel en marche depuis trois cents ans.

Ce qui fait si peur aux hommes présentement, c'est de se sentir démunis progressivement de ce pouvoir au fur et à mesure que la femme se réapproprie sa sexualité et sa spécificité. Ayant eux-mêmes basé leur propre raison d'être au monde sur ce pouvoir, ils se retrouvent en proie à une panique incontrôlable. Ils se sentent et se voient acculés à se trouver une sexualité et une spécificité d'homme basées sur autre chose que le pouvoir et l'affirmation de soi en se servant de l'autre.

Ce qui fait également peur aux femmes, c'est qu'en frôlant subtilement, pour la première fois de leur existence, la capacité de reconnaître et de palper leur sexualité et leur spécificité existant en dehors du pouvoir de l'homme-mâle, elles se retrouvent hors des sentiers battus de l'infériorité et de la soumission. Elles se retrouvent devant la tâche, à la fois immense et intense, de prendre en charge leur propre sexualité, leur propre spécificité afin que celles-ci ne soient plus confondues à l'intérieur des contradictions mâles. Il ne faut pas oublier que nous devons ces ruptures, ces divisions, ces oppositions, ces hiérarchies, ces règles, ces traditions, ces dynasties, ces rôles à l'empire de la civilisation mâle de toutes les époques de l'Orient à l'Occident.

Donc, à l'intérieur de ces six règles qui régissent la fondation de notre société patriarcale capitaliste, les femmes en général ont été dans l'obligation, pour survivre, de réprimer, d'inhiber, de dévaloriser, d'inférioriser et de nier ce qu'elles possèdent de plus puissant : leur sexualité et leur spécificité qui s'expriment dans leur corps de femme.

Corps et spécificité de femme

Il m'apparaît utile de rappeler que le terme « sexualité » englobe le sexe, l'identité sexuelle et les rôles sexuels dans le sens où l'identité sexuelle représente la spécificité des influences biologiques et sociales.

Du strict point de vue biologique, de par le type des chromosomes X, la femelle est considérée comme ayant une capacité génétique plus riche que celle du mâle. L'importance vitale du chromosome X comparé au chromosome Y est évidente parce qu'aucune cellule fertilisée ne peut survivre à moins qu'elle ne contienne un chromosome X. Ainsi, le mâle survit seulement grâce au chromosome X de la femelle. En outre, cette différence chromosomique engendre une plus grande susceptibilité aux maladies chez le mâle que chez la femelle, et cela tout au long de la vie.

L'évidence semble claire : d'un point de vue constitutionnel la femme représente le sexe le plus privilégié. Ce privilège biologique apparaît comme l'un des facteurs de base du profond sentiment d'impuissance et d'infériorité chez l'homme-mâle. D'où les recherches acharnées des scientistes mâles, au plan de la génétique, pour s'approprier artificiellement cette richesse constitutionnelle des femmes.

Le corps de la femme contient chimiquement, psychologiquement et socialement tout ce qu'il faut pour maintenir en vie le fruit de son corps. Cependant, la maternité accomplie ne s'avère pas obligatoire pour développer ces richesses. Elles sont en toutes femmes, que celles-ci deviennent mères ou non, puisque cette richesse biochimique s'exprime généralement chaque mois sous forme de cycle. De ce fait, la pilule anticonceptionnelle, dont le cycle biochimique artificiel est substitué au cycle naturel, représente un outrage au corps de la femme.

Au plan génital fonctionnel, la femme possède un potentiel orgasmique qui ne diminue pas avec l'âge comme c'est le cas chez le mâle.

Par contre, le système mâle définit la génitalité fonctionnelle de la femme en fonction de la reproduction, non en fonction de la femme-personne. Dans la mentalité mâle, une femme est « bonne » de 15 à 35 ans. On voit très bien que cette définition mâle indique à nouveau une affirmation de soi en niant la spécificité génitale fonctionnelle de la femme. Certes, la capacité reproductive de la femme diminue avec l'âge, pour s'éteindre à la ménopause. Mais sa capacité génitale fonctionnelle demeure la même de l'âge de 15 ans à 95 ans par exemple. Chez le mâle, la capacité reproductive diminue peu avec l'âge, mais la capacité génitale fonctionnelle diminue peu à peu à partir de l'âge de 21 ans et décroît progressivement avec l'âge.

Par ailleurs, pour la femme, l'expression de sa sexualité représente en général une relation humaine, tandis que la relation de l'homme-mâle avec la femme tend à être en termes de génitalité fonctionnelle uniquement. Cette action se base sur la division, le morcellement de l'unité féminine. Dans la mentalité de l'homme-mâle, la femme est disséquée en morceaux tel qu'énuméré selon la règle de la spécialisation. Nous pouvons même rajouter les hommes-mâles à jambes, à seins, à croupes, à pubis rasé, et toute la panoplie de l'univers pornographique qualifié élégamment « d'érotomanie » ou « d'érotisme » par l'homme-mâle.

Sexuellement, ce que les femmes requièrent de l'homme par dessus tout, c'est la tendresse, la gentillesse, la délicatesse, la sensualité, la vie, la chaleur humaine, la générosité, la fidélité, la bonté. Cependant l'homme-mâle n'accorde aucune crédibilité à ces valeurs. Elles sont décrites comme féminines, donc à inhiber, à réprimer, à dévaloriser, à inférioriser, à nier autant au plan individuel que collectif.

En ce qui a trait à la tolérance aux stress de toutes sortes, le sexe femelle survit majoritairement plus aux rigueurs de la vie. On reconnaît que la femelle est constitutionnellement plus forte que le mâle et seulement musculairement moins puissante.

Point n'est besoin d'élaborer des recherches scientifiques coûteuses pour se rendre compte que notre tolérance au stress et notre richesse nerveuse font partie des constituantes de notre système biochimique privilégié. En effet, comment aurions-nous pu survivre dans un monde qui s'est accaparé notre sexualité et notre spécificité en s'en servant sur tous les plans de la vie, si nous ne possédions pas ces puissances et ces pouvoirs ?

La richesse constitutionnelle d'une personne se mesure à l'étendue des bénéfices de survivance à long terme qu'elle confère à la personne ou au groupe. Par exemple, la force physique compulsive plutôt que l'intelligence, la violence et la guerre plutôt que la paix, proviennent d'une mentalité qui engendre la destruction de la personne et du groupe et non la survivance.

Que je sache, les femmes ont fort peu employé la force physique pour obtenir un peu de place au soleil, pas plus qu'elles n'ont employé les armes guerrières pour obtenir la paix. Par contre, l'homme-mâle se dit : « Si tu veux la paix, prépare la guerre ».

On reconnaît que le progrès de la race humaine indique un progrès de conservation d'une mentalité jeune. Cette capacité à transporter la joie de la jeunesse et la spontanéité dans la vie adulte paraît plus commune chez les femmes que chez les hommes. On a souvent l'impression qu'il manque la joie de vivre à l'homme-mâle, enfermé qu'il est dans la rigidité de sa communauté mâle.

La plus grande émotivité de la femme représente une qualité plutôt qu'un défaut. Les femmes sont moins handicapées par une inhabilité à exprimer leurs « feelings » comme le sont les hommes-mâles. Elles répondent plus facilement aux stimuli physiques et mentaux. Par cette plus grande « irritabilité » et cette plus grande sensitivité, la femelle de l'espèce humaine demeure plus dynamique que l'homme-mâle. En d'autres mots, dans les traits humains les plus essentiellement désirables, notamment la sociabilité, les femmes, à tout âge, sont significativement plus riches que les hommes-mâles. Et pourtant, combien de fois entendons-nous ces reproches de la part de nos compagnons mâles : « Tu es trop émotive, tu ne comprends rien » ; « vous autres les femmes vous parlez pour ne rien dire ».

Comme les femmes développent un lien plus harmonieux avec l'univers, du fait qu'elles possèdent une intelligence plus sophistiquée, une émotivité plus subtile, un contact avec la vie plus réaliste, cela favorise la spiritualité et engendre la capacité de vivre des expériences d'ordre spirituel.

Cependant au cours de l'histoire, les femmes en général n'ont pas éprouvé le besoin de sacraliser ce pouvoir intérieur qu'elles possèdent, en fabriquant des dieux et des religions. C'est pourquoi la puissance spirituelle des femmes paraît peu connue et peu étendue socialement.

L'intuition féminine, c'est-à-dire la capacité ou l'habileté à être en contact corporel sensoriel immédiat avec les stimuli de l'environnement, (due sans doute à la spécificité biochimique de notre corps) représente une véritable faculté que la plupart des femmes possèdent dans une forme grandement plus développée que tout ce que l'homme-mâle aurait pu acquérir. Une sorte de sixième sens, une habileté à écouter dans l'obscurité, une capacité à prendre très rapidement, aussitôt générées, des vibrations de très courtes longueurs d'ondes. Ce que nous appelons communément « nos tripes ». Et, si nous écoutions nos tripes, imaginez quel pouvoir nous aurions!

En ce qui a trait aux activités intellectuelles et créatrices, nous savons toutes que le sexisme culturel a privilégié l'homme-mâle et défavorisé la femme dans ces domaines. Si l'on provoque des opportunités et des stimuli adéquats, c'est-à-dire si nous prenons en charge notre sexualité et notre spécificité, le génie féminin éclate. Nous en avons un exemple tout proche de nous avec le « Diner Party » de Judy Chicago. Cette oeuvre collective s'inspire de la sexualité et de la spécificité humaines des femmes à tous les niveaux de la vie : le spirituel, l'intellectuel, le symbolique, le psychologique, le sexuel, le politique. Cette oeuvre atteint l'universel et de ce fait dévoile le génie féminin. Denise Boucher, dans « Les Fées ont soif », a rejoint d'une autre façon la sexualité et la spécificité des femmes.

Ainsi les valeurs, les traits et les comportements que les hommes-mâles ont qualifié de féminins, tels la gentillesse, la tendresse, la sensualité, la capacité d'aimer, le partage, la coopération, l'harmonie, la collaboration, l'égalité, la bonté, l'empathie, la paix, ne sont pas des valeurs, des traits et des comportements féminins mais humains. Ce sont des valeurs, des traits et des comportements que les hommes-mâles ont besoin d'adopter et de développer, s'ils veulent un jour atteindre à un semblant d'humanité.

En ce sens, je crois que la femme peut valoriser ce qu'elle est, l'affirmer, le communiquer, le concrétiser, l'actualiser à tous les niveaux de la vie, plutôt que de tomber dans le piège d'imiter l'homme-mâle pour se sortir de ses sentiments d'infériorité et de soumission. Car s'approprier les erreurs de jugement et les conduites compulsives de l'homme-mâle, c'est vouloir changer à tout prix la qualité de sa peau pour une qualité moindre. En fait, la « supériorité » ou la sexualité et la spécificité de l'homme-mâle lui sont conférées socialement en se servant des autres ; la puissance, la sexualité et la spécificité de la femme lui sont conférées de manière constitutionnelle.

Nous sommes en train de construire une culture à l'image de ce que nous sommes. Image qui, jusqu'à maintenant, a été déformée, dénaturée, inférioriseé jusqu'à l'abjection de l'insignifiance et de la non-existence. Que l'on analyse un à un le contenu des ateliers du colloque Femmes, santé et pouvoir, et l'on s'aperçoit que nous représentons ce que j'appelle la puissance de notre sexualité et de notre spécificité de femmes. À l'intérieur de cette sexualité et de cette spécificité, se situe notre pouvoir sexuel en tant que sexe féminin.

Pour la première fois dans l'histoire de « notre civilisation », ce pouvoir est mis en action en fonction de nous-mêmes, et pour nous-mêmes, tant au plan individuel que collectif. Une fois ce pouvoir reconquis, nous cesserons de nous substituer au « morcellement féminin » fabriqué par le pouvoir mâle, pour devenir des femmes-personnes unifiées.

Bibliographie

AUDETTE, G., DESMARAIS, L., ISABEL, C., MATTEAU, A., MÉNARD, F., PINSONNEAULT, S., « À pénis éduqué...vagin musclé ! De la complémentarité érotique », in *Revue québécoise de sexologie*, 1980, vol. 1, nº 4, p. 229-236.

BLOOM, Z., COBURN, K., PEARLMAN, J., *The new assertive women*, Dell Books, New York, 8ᵉ édition, 1980.

BROGGER, S., *Délivrez-nous de l'amour*, Pierre Belfond, Paris, 1978.

BRISSON, M., POSSANT, L., *Célibataires pourquoi pas ?* Éd. Serge Fleury, Montréal, 1981.

BOUCHER, D., *Les Fées ont soif*, Éd. Intermède, Montréal, 1978.

CHAMPAGNE-GILBERT, M., *La Famille et l'homme à délivrer du pouvoir*, Leméac, Montréal, 1980.

DUNNIGAN, L., « Réflexions sur la sexualité », *Essai sur la santé des femmes*, C.S.F., Québec, 1981.

GARFIELD BARBACH, L., *For Yourself*, Anchor Press Double day, New York, 1976.

L'HEUREUX, C., *L'Orgasme au féminin*, L'aurore, Montréal, 1979.

MATTEAU, A., « La sexualité féminine et les interdits », *Petite presse*, F.F.Q., novembre 1981, vol. 1, nº 4, p. 11.

MATTEAU, A., « Retrouver un désir féminin », *Féminin pluriel*, décembre-janvier 1982, vol. 1, nº 4, p. 24-28.

MATTEAU, A., « L'universalité du principe masculin par le biais de la pornographie » in *Revue québécoise de sexologie*, 1982, vol. 2, n° 4, p. 217-226.

MONTAGU, A., *The natural superiority of women*, Collier Books, New York, 4ᵉ édition, 1974.

Note : l'auteur après avoir défini la sexualité et la spécificité des femmes les récupère au service de la sexualité et de la spécificité mâles, d'où l'intérêt de cette lecture.

SEAMAN, B., SEAMAN, G., *Women and the crisis in sex hormones*, Bantam Books, New York, 5ᵉ édition, 1981.

Les femmes battues : réflexion sur une situation de pouvoir

Ginette Larouche *

Le thème de la violence conjugale donne lieu à des réactions de censure et de silence. Ces attitudes démontrent que la violence conjugale fait partie des sujets tabous. Ce type de violence contient des éléments menaçants et cesser d'en faire un thème tabou, c'est accepter de voir en quoi il fait peur et ce qu'il remet en question.

Se confronter aux femmes battues

Parler des femmes nous amène à être confrontées à notre propre peur de connaître ce type de violence. Car, dans les faits, aucune femme n'a la certitude qu'elle pourra éviter ce genre d'expérience toute la vie. Ainsi, en parler, c'est faire une première constatation : « La femme violentée est une femme comme les autres ». Tant qu'on prétendait qu'elle était une masochiste ou une personne souffrant de maladie mentale, on pouvait se sentir à l'abri de ce type de situation, depuis que ces mythes ont disparu (Roy 1977) aucune femme n'est rassurée.

* Travailleuse sociale, CSSMM

Aborder ce sujet, cela représente un risque pour la cellule familiale actuelle. Le constat de violence conjugale pourrait nous amener à repenser les rôles de l'homme et de la femme dans le couple. Nous sommes alors confrontées à la peur du changement des stéréotypes développés jusqu'à maintenant. En effet, ces notions touchent aux valeurs fondamentales de notre société et aux relations de pouvoir entre hommes et femmes. Ainsi, admettre que la violence conjugale existe, c'est accepter de modifier les rôles traditionnels de féminité et de virilité. C'est également être en mesure de remettre en question nos propres conditionnements.

Ouvrir la discussion sur les femmes battues, c'est amener sur le tapis nos agissements envers ces femmes. Ainsi le fait, par exemple, de garder le silence et de demeurer inactives face à cette réalité représente une forme d'acceptation tacite de cette violence. En effet, le silence maintient les victimes dans leur isolement et contribue à les culpabiliser. Ajoutons à cela les interventions offertes aux femmes battues pour maintenir le couple sans remettre en question la relation dominant-dominé. Maintenir comme base de négociation une relation inégalitaire donne nécessairement lieu à des statuts particuliers où le pouvoir ne peut être partagé.

On peut comprendre notre peur d'aborder le sujet des femmes battues quand on perçoit les confrontations que cette réalité conjugale nous force à découvrir. En somme, abaisser nos préjugés sur ce phénomène c'est aussi prendre le risque de remettre en question nos normes sociales.

Les défavorisées du pouvoir

Jusqu'à quel point nos normes sociales actuelles préparent-elles les partenaires du couple à jouer chacun un rôle prédéterminé qui créera cette relation homme-femme que l'on qualifie souvent de dominant-dominé. Essayons de regarder comment notre réalité sociale actuelle favorise l'acquisition de ces rôles à travers les apprentissages de certaines situations de vie où les femmes se retrouvent candidates à un rôle exempt de pouvoir.

Afin qu'une femme corresponde aux normes de féminité, on lui apprendra très tôt qu'elle doit être douce et compréhensive. À travers ses jeux, on lui enseignera à ne pas avoir de réactions agressives et à se sentir fragile. La famille, les mass media et plus tard l'école lui adresseront des messages uniformes en ce sens. Toutes ces sources d'enseignement lui apprendront à être docile, on lui montrera également l'importance de son image physique et le souci qu'elle doit avoir : plaire. Les fillettes apprennent donc à se sentir faibles et passives.

Ce type d'enseignement procuré aux filles leur apprend à correspondre au rôle féminin, voire à développer un sentiment d'incapacité. En effet, correspondre à ce type d'apprentissage pour une femme c'est intégrer un rôle de victime. Certains auteurs affirment qu'une femme qui apprend à correspondre au rôle féminin intègre « l'incapacité apprise » (Walker, 1977-1978). Ainsi, on apprend aux femmes à intégrer un rôle de dominée, un rôle de victime, une fonction où il y a une absence de pouvoir.

Ces mêmes enseignements se poursuivent dans l'acquisition du rôle d'épouse et de mère puisque naître femme, c'est devoir être épouse et mère. On lui enseignera donc à se sentir responsable de la réussite familiale et conjugale.

Elle devra répondre aux besoins des enfants et appuyer son mari dans ses entreprises. Son rôle premier sera de réussir la vie de famille. Notons qu'avant la réforme du code civil en 1981, elle devait suivre son mari et que la demeure familiale ne lui appartenait pas. Ainsi, le rôle de la femme était avant tout les travaux de la famille, ce qui laissait peu de chance aux femmes de développer des habiletés de travail à l'extérieur du foyer conjugal. Ajoutons que cet apprentissage de mère et d'épouse ne permettait pas non plus de développer des capacités d'autonomie. Ces fonctions d'épouse et de mère cumulées aux enseignements en tant que femmes développent une incapacité à s'affirmer pour la forme et à négocier un rôle égalitaire avec l'homme. Les femmes apprennent donc à n'avoir aucun pouvoir réel dans le couple et à être la possession de l'homme.

Être femme, c'est donc se sentir incapable et peu confiante en soi. C'est également être un individu sans pouvoir, une personne dominée. Ces normes apprises permettront à la femme de correspondre à son rôle d'épouse et de mère.

Pouvoir ou pouvoir masculin

De façon complémentaire à la norme féminine, on retrouve la virilité qui aura comme fonction la force et l'agressivité. En effet, à l'opposé des femmes, les hommes auront à correspondre à cette image de force et d'affirmation de soi. Ces derniers apprendront à dominer des situations et à faire preuve d'agressivité. Ils sauront très jeunes qu'ils doivent être des pourvoyeurs pour leur famille. L'homme doit être fort et dominer la femme (Schuyler, 1976) et être viril c'est employer cette force.

Ajoutons à cela que, socialement, la violence est un acte admis dans notre société et qu'elle est même un produit que l'on vend. On retrouve également la femme comme objet de violence (elle sera montrée enchaînée, mutilée, frappée, sur des fiches publicitaires).

Ces images sociales contribuent à accorder à l'homme un pouvoir de domination et de violence envers la femme. Cette position que l'on accorde socialement à l'homme la place dans un statut particulier dans le couple.

L'homme et la femme se retrouvent alors dans des positions conjugales auxquelles ils ont été longuement préparés. Se sortir de ces rôles demande un effort considérable et provoque des réactions de contrôle du milieu.

Le premier pas à faire pour mettre fin à la violence conjugale si répandue, une femme sur dix au Canada (Mc Leod, Cadieux, 1980), est de commencer par faire la modification des stéréotypes traditionnels. En effet, tant que la femme maintiendra une position de victime, des comportements passifs où elle fait preuve de son manque de confiance en elle-même, cela provoquera des attitudes de domination et de non-respect de la part du conjoint. En effet, la femme doit s'affirmer en refusant tout geste de violence verbale, psychologique, puisque ces types de violence progressent généralement vers la violence physique, voire l'homicide.

On se doit également de modifier les enseignements que l'on donne aux enfants afin que chacun aie la chance de s'affirmer sans être obligé de le faire par des actions agressives et violentes. Les deux sexes devraient également avoir accès à l'expression des états émotifs sans que cela soit enseigné comme un geste de faiblesse. La possibilité devrait être donnée à tous les jeunes de développer des habiletés pour solutionner des conflits. Des pressions doivent donc être entreprises en ce sens afin de faire modifier les valeurs traditionnelles.

Comme autre action urgente, on se doit de dénoncer la violence conjugale et de rompre le silence qui entoure ce phénomène. Des actions collectives pourraient favoriser la modification de l'application de certaines lois. Les pressions collectives pourraient permettre d'augmenter le nombre de ressources pour les victimes. Cela pourrait favoriser l'apparition de certaines mesures obligeant les agresseurs à modifier leurs comportements par de nouveaux apprentissages.

L'intervention

L'intervention auprès des femmes violentées doit se situer dans le cadre d'une approche féministe. Ce type d'intervention tient compte des rapports sociaux existants : hommes-femmes, dominants-dominées. Dans le cadre de cette approche, la femme violentée identifie les modèles auxquels elle a été exposée et apprend progressivement à se sortir des stéréotypes traditionnels pour acquérir une plus grande autonomie et un pouvoir personnel. Elle parvient à différencier sa responsabilité personnelle de ses apprentissages en tant que femme (rôle de victime). Elle reprend ainsi son pouvoir individuel et négocie sa vie de couple et de famille autrement que dans une position de dominée.

Intervenir auprès des femmes battues exige de la part de l'intervenante un rôle « d'advocacy ». L'intervenante doit dénoncer ouvertement la violence envers les femmes. En situation de crise [1], l'emploi des ressources concrètes devient une action importante. On se doit d'offrir à la femme battue des services rapides : hébergement, soins médicaux, aide légale, etc. L'intervention de crise doit se faire en fonction des deux éventualités possibles.

Ainsi, si la femme veut retourner avec son conjoint, il devient essentiel de prévoir avec elle des alternatives permettant d'assurer un minimum de sécurité en cas de récidive (établir des ententes avec les voisins, posséder les numéros de téléphone de la police), assurer la femme de la collaboration de l'intervenante si une nouvelle agression se produit. D'autre part, si la femme prend la décision de quitter son conjoint lors de la situation de crise, l'intervenante se doit de faciliter la démarche de recherche d'un refuge et de commencer à travailler avec la femme violentée dès le début de l'hébergement.

L'intervention en individuel auprès de la femme battue vise la restauration de l'estime de soi, la déculpabilisation et l'affirmation de soi. Ces objectifs permettent à la femme violentée de se sortir de son rôle de victime. Comme l'intervention tient compte de la dénonciation des stéréotypes et des préjugés sociaux sur la situation des femmes victimes de violence conjugale, la femme violentée prend conscience que son vécu de violence est relié à la condition des femmes. La femme parvient au cours du processus à développer une autonomie personnelle (psychologique, affective, économique). Ce

---

[1] G. Larouche, *Protocole d'intervention en Service social auprès de la clientèle des femmes violentées,* C.T.S.Q., 1981.

cheminement individuel s'avère nécessaire avant de penser au couple, afin de briser la position de dominée qu'occupe la femme dans le couple où la négociation est impossible.

L'approche de groupe vise les mêmes objectifs que l'intervention individuelle. Le groupe permet aux femmes d'obtenir un support mutuel et une forme d'entraide particulièrement riches. De plus, le groupe brise par son existence l'isolement dans lequel se trouve la femme violentée. Il permet une solidarité entre femmes et resitue la problématique de la violence conjugale dans la condition des femmes en général et dans le contexte des rapports sociaux actuels. Le cadre de l'intervention de groupe demeure basé sur les concepts de l'approche féministe.

Finalement, toute intervention auprès des femmes devrait comporter un dépistage. En effet, certains éléments permettent d'identifier le potentiel de violence conjugale tels : l'alcoolisme du conjoint, le vécu de violence des partenaires dans leur famille d'origine, un enfant déclaré abusé physiquement, un adolescent qui agresse sa mère... Le dépistage représente un moyen important pour diminuer la violence conjugale, sachant qu'un grand nombre de femmes battues n'expriment jamais ouvertement leur vécu de violence.

En conclusion, comme l'enseignement des stéréotypes favorise chez la femme une position de victime et que cela demeure une des causes importantes de la violence conjugale, il s'avère nécessaire de dénoncer cette situation. À notre avis, cette prise de conscience sociale se heurte encore à des préjugés qui retournent la violence conjugale aux pathologies individuelles des partenaires. Bien qu'il y ait des cas d'exception, il n'en demeure pas moins vrai qu'il nous faut placer en évidence l'une des causes les plus importantes et incidieuses : les normes culturelles de notre société.

Bibliographie

McLEOD, L. et CADIEUX, A., *La Femme battue au Canada : un cercle vicieux*, Conseil consultatif canadien de la situation de la femme, Approvisionnements et services Canada, 1980.

ROY, M., *Battered women*, UNR, New York, 1977.

SCHUYLER, M., « Battered wives and emerging social problems », *Social casework*, 1976, vol. 21, n° 6, p. 488-491.

WALKER, L., « Battered women and learned helplessness », *Victimology*, 1977-78, vol. 2, n° 3 et 4, p. 525-534.

Pornographie, quelques années après la révolution sexuelle

Louise Cossette*

> *...je suis en faveur du mouvement de libération des femmes mais celles-ci effraient les hommes et refusent d'en prendre la responsabilité. Pourquoi pensez-vous qu'il y a tant de bisexualité sur les campus ? Pourquoi pensez-vous que les hommes molestent les enfants ? Parce qu'ils ont peur des relations avec les femmes libérées.*
>
> Larry Flint, éditeur de *Hustler* [1]

Nous ne pourrons en un si court texte explorer tous les aspects de la pornographie, en examiner tous les enjeux et implications, rappeler tous les débats et controverses qu'elle a suscités, et suscite encore, mais nous essaierons d'en voir l'essentiel en nous demandant en quoi

---

* Psychologue. L'auteure tient à remercier pour leur collaboration : Jeanne Arseneau, Sylvie Gladu, Danielle Julien et Manon Théorêt.

[1] Interview accordée à Jeffrey Klein, « Born again Porn », *Mother Jones,* (février-mars 1978), p. 14. Cité par Andrea Dworkin, *Pornography. Men Possessing Women,* New York, Perigee Book, 1981, p. 63.

cela peut faire problème pour les femmes. Enfin, évitant l'épineuse question d'une définition de la pornographie, à peu près personne ne s'entend là-dessus, nous tiendrons simplement pour pornographique ce qui est communément appelé ainsi : films, revues, journaux, spectacles « de sexe ».

La société libidinale

En 1969, à une époque de contestation et de remise en question, le Danemark, après quelques années de libéralisation progressive, abolissait toute censure sur la production et la diffusion de matériel pornographique [2]. Reçue avec enthousiasme par les esprits libéraux et progressistes de l'époque, l'expérience danoise constituait le nec plus ultra de la libération sexuelle. Dès les premières années suivant la levée de la censure, on annonçait une diminution notable des crimes sexuels au pays, ce qui prouvait bien que les lois en vigueur ailleurs interdisant la pornographie comme « corruptrice des bonnes moeurs et de l'ordre public [3] » étaient en réalité les premiers obstacles aux bonnes moeurs. La pornographie fonctionnerait comme lieu imaginaire de libération des interdits, refoulements et entraves à la circulation de l'énergie libidinale !

Cependant, vers le milieu des années 70, quelques investigations commencèrent à jeter le doute sur les résultats spectaculaires de l'expérience danoise. Il semblait que, loin d'avoir diminué, les crimes sexuels, notamment le viol et les tentatives de viol, avaient augmenté au pays [4]. Ce léger accroc aux prévisions n'allait pourtant pas amener une révision des lois ou de l'hypothèse cathartique (la pornographie comme libératrice ou soupape). On fut très discret sur ces résultats. La pornographie est actuellement la 3e industrie en importance au

---

[2] Ou, plus précisément de la pornographie « hard core » ou dure, la pornographie douce circulant déjà librement. On appelle généralement « soft core » ou douce, la pornographie représentant des corps nus et des scènes de relations sexuelles « normales », et dure celle représentant des scènes de sado-masochisme, bestialité, pédophilie, etc.

[3] C'est en ces termes que se sont exprimées le plus souvent les oppositions traditionnelles à la pornographie et les lois la condamnant.

[4] On peut lire à ce propos : Lise Dunnigan, *La Pornographie et l'érotisation de la violence*, Québec, Conseil du statut de la femme, novembre 1981, p. 9-11.

Danemark. Tous les pays n'ont pas adopté l'attitude de permissivité totale du Danemark à l'égard de la pornographie. Cependant, la plupart des pays occidentaux ou occidentalisés font preuve d'une remarquable tolérance vis-à-vis de celle-ci et il est très difficile de départager ce qui maintient actuellement la pornographie : son poids économique, sa « fonction libératrice », les modèles sexuels qu'elle met en scène ?

Sexe, argent et... virilité

La pornographie représente au Canada annuellement une industrie d'environ 300 à 500 millions de dollars et au Québec d'environ 120 millions de dollars (évaluations très conservatrices dit-on). Aux États-Unis, les profits annuels sont évalués à 5 milliards de dollars [5]. En fait, il est difficile d'en connaître la valeur réelle puisqu'une bonne partie de la production pornographique est illégale — l'illégalité variant toutefois d'un pays à l'autre et, au Canada, d'une province à l'autre. La pornographie a connu depuis une vingtaine d'années un essor considérable mais les signes de prolifération s'observent dès le 19e siècle (le terme pornographie date d'ailleurs de 1842) d'où, probablement, l'apparition à ce moment de la censure. Avant cette époque, il ne semble pas y avoir eu prohibition de matériel pour ses représentations sexuelles ; même Sade ne fut pas condamné pour ses oeuvres, comme on le raconte souvent, mais pour les tortures qu'il infligeait à ses amantes.

Il semble donc que, progressivement, la pornographie se soit démocratisée ; ce qui était autrefois réservé à une minorité (d'intellectuels, d'aristocrates, d'avant-gardistes, de libertins...) est devenu accessible et recherché par la majorité. Majorité d'hommes, s'entend, puisque ceux-ci en sont presque exclusivement les consommateurs. En 1970, selon The Commission on Obscenity and Pornography [6],

[5] Pour les statistiques québécoises, les seules actuellement disponibles sont parues dans *La Presse* : François Berger, « L'industrie du sexe au Québec », 20 mars 1982.

[6] *U.S. Government Report of the Commission on Obscenity and Pornography,* Bantam Books, New York, 1970. Les chiffres et données cités concernent bien sûr les États-Unis mais certaines enquêtes québécoises et canadiennes laissent croire que la situation est ici sensiblement la même.

90 % de la pornographie était destinée aux hétérosexuels mâles, 10 % aux homosexuels et 20 à 25 % des hommes en étaient des consommateurs réguliers [7]. La même commission décrit ainsi le consommateur-type : homme blanc, marié, d'âge moyen, classe moyenne, prenant soin d'ajouter que ce consommateur ne présente aucune déviation sexuelle particulière. Pourtant, la libéralisation de la pornographie a aussi coincidé avec des modifications de ses contenus, les thèmes « déviants » et violents se faisant de plus en plus fréquents. En 1977, même *Playboy,* dans près de 57 % de son contenu visuel, représentait des scènes violentes [8]. Selon une analyse du contenu des revues pornographiques publiées entre 1968-1974, le nombre de viols fictifs s'est constamment accru, la terreur et la peur de la victime féminine se transformant en orgasme dans 97 % des cas [9]. Au niveau des « particularités » pornographiques, en 1976-1977, on a évalué à 200 000 le nombre d'enfants utilisés en pornographie aux États-Unis [10]. Si les femmes sont les premières victimes de la violence, les enfants et les hommes n'y échappent pas non plus. La pornographie homosexuelle a ses hommes enchaînés, ligotés, torturés.

Devant l'orientation actuelle de la pornographie, on s'est demandé si celle-ci n'avait pas plutôt rapport avec la domination et la violence qu'avec la sexualité. Mais, en fait, tout dépend de la définition de sexualité que l'on se donne. Se jouant dans un contexte de pouvoir, la sexualité, les pratiques sexuelles courantes, ne sont pas exemptes des rapports de pouvoir et de la violence qui lui est nécessairement associée. D'ailleurs tout le code de la sexualité « virile », qui en ce domaine fait loi, pourrait tenir en trois mots : conquérir, dominer, contraindre. Même les auteurs dits érotiques, Bataille en tête, associent sexualité et violence, domination, contrainte du corps, presque invariablement celui d'une femme. La fameuse distinction entre érotisme et pornographie n'est finalement que d'ordre séman-

---

[7] Il semble que, même aujourd'hui, les femmes consommant de la pornographie le fassent généralement sous l'incitation ou en compagnie d'un partenaire masculin.

[8] Pauline B. Bart et Margaret Jozsa, « Dirty Books, Dirty Films and Dirty Data », *Take Back the Night,* New York, Laura Lederer, Williams Morrow and Co., 1980, p. 213-214.

[9] *Ibid.*

[10] « Child Pornography : outrage starts to stir some action », *U.S. News and World Report,* 13 juin 1977, cité dans un document inédit du Conseil du statut de la femme.

tique ou tient à des valeurs de classe. Et même la pornographie douce est à peine du « hard core » atténué lorsqu'elle met en scène un corps, généralement féminin, offert, soumis, auquel le producteur-consommateur imprime les gestes, désirs, jouissances qui lui conviennent. Corps-objet morcelé, aliéné (état de celui ou celle qui ne s'appartient pas, selon l'étymologie), destiné à être stimulus sexuel et réceptacle du désir qu'il suscite. La perte d'identité est la première étape de la domination et de la violence.

Mais si la domination et la violence caractérisent souvent la sexualité et particulièrement la pornographie, les défenseurs de la pornographie soutiennent toujours que, même violente, celle-ci n'intervient qu'au niveau des fantasmes et non des comportements, qu'elle n'est que fiction et que, de toute façon, elle est le résultat normal de l'exercice du « droit constitutionnel » à la liberté d'expression. Un amateur de pornographie [11] croyait aussi y déceler l'influence positive de la libération des femmes auxquelles maintenant la jouissance est permise. Mais que dire d'une jouissance confinée aux jeux de quelques organes et contacts épidermiques? Que signifie la jouissance des victimes de viol qui abondent en pornographie ou celle de la femme qui s'insère dans le vagin un bâton de dynamite allumé? Les opposantes et opposants à la pornographie ont, pour leur part, de plus en plus tendance à croire que celle-ci n'est pas qu'un divertissement anodin, qu'elle pourrait bien encourager la violence sexuelle. La pornographie est la théorie, le viol, la pratique [12].

La pornographie éducative

Mais l'argumentation idéologique ou politique ne suffit pas, il faut des preuves. Aussi le débat sur la pornographie a-t-il gagné le champ de la recherche scientifique, les pro et les contre porno y allant de leurs enquêtes et recherches. Le problème de la pornographie ne se réglera sans doute pas à ce niveau non plus, mais les résultats en sont souvent intéressants et nous tenterons d'en voir brièvement les implications.

---

[11] Bruno Boutot, « Défense et illustration de la pornographie », *Le Temps fou,* Montréal, juin 1980, p. 32-33.

[12] Robin Morgan, « Theory and Practice : Pornography and Rape », *Take Back the Night*, Laura Lederer, New York, Williams Morrow and Co., 1980.

Les premières recherches furent entreprises par The Commission on Obscenity and Pornography. Instituée en 1967 par le Sénat américain, la Commission avait pour mandat, notamment, d'étudier les effets de la pornographie sur le public, ses relations avec les comportements criminels et anti-sociaux et d'amener des recommandations législatives. Après deux années de recherches et d'enquêtes, en 1970 la Commission, dans son rapport, concluait que la pornographie est inoffensive, a une valeur éducative, renforce la virilité et peut avoir des effets inhibiteurs de violence. En conséquence, la Commission recommandait au gouvernement américain la levée de toute censure ou loi réglementant l'accès à la pornographie [13].

Les recherches, de même que les conclusions, de la Commission ont été vivement critiquées par d'autres chercheurs et chercheuses aux niveaux de la méthodologie et de l'interprétation des résultats. On lui a particulièrement reproché de tirer sur la pornographie des conclusions générales — elle est inoffensive — alors qu'en fait une infime partie de ses recherches comportait l'utilisation de pornographie violente. Quoi qu'il en soit, d'autres chercheurs soutiennent que la pornographie violente peut inciter les consommateurs à la violence. Donnerstein [14], notamment, remarquait que des sujets masculins auxquels on avait présenté des films pornographiques violents (viol d'une femme) manifestaient, après le visionnement, davantage d'agressivité vis-à-vis d'une assistante de recherche que vis-à-vis d'un assistant auxquels ils avaient la possibilité d'administrer des chocs électriques. S'inspirant des principes du conditionnement par association, Eysenck et Nias dans *Sex, Violence and the Media* [15] soutiennent qu'il serait possible de créer en laboratoire un violeur ou un sadique en présentant des scènes de viol ou de sadisme précédant immédiatement une scène « normalement » excitante. Mais les effets de la pornographie ne sont sans doute pas toujours aussi spectaculaires. Des recherches récentes semblent démontrer que la pornographie pourrait aussi, par ses répétitions, produire une forme de désen-

---

[13] Remarquons qu'à peu près au même moment une commission d'enquête américaine sur les causes et la prévention de la violence soutenait que la violence dans les médias pouvait inciter ses spectateurs à agir plus agressivement.

[14] Edward Donnerstein, cité par Diana Russel, « Pornography and Violence. What does the new research say », *Take Back the Night,* Laura Lederer, New York, Williams Morrow and Co., 1980.

[15] H.J. Eysenck et D.K.B. Nias, *Sex Violence and the Media,* New York, Harper & Row, 1978.

sibilisation chez le consommateur dont le seuil de tolérance à la violence sexuelle aurait tendance à s'abaisser. Celui-ci pourrait en venir alors à accepter ou à rester indifférent à des pratiques de plus en plus violentes.

Enfin, malgré les nombreuses recherches effectuées sur la question, la preuve du pouvoir d'incitation de la pornographie à la violence n'est pas faite. Mais les recherches semblent suggérer que celle-ci aurait davantage des effets d'apprentissage que cathartiques. Ce qui ne signifie pas que tous les consommateurs de pornographie sont des violeurs, des pères incestueux ou des amants qui ont besoin pour jouir de percer d'anneaux de fer les seins de leurs amantes, et non plus que tous les violeurs et les sadiques sont des consommateurs de pornographie. La pornographie n'a pas créé la violence sexuelle puisqu'elle en est elle-même le produit, et elle n'en est pas non plus le seul véhicule. Mais on peut quand même croire que, par son discours et ses représentations, elle joue un rôle important dans le maintien de pratiques sexuelles d'oppression.

Mais il est possible que l'effet premier de la pornographie, ou sa fonction première, ne soit pas de produire de la violence ou même l'excitation sexuelle chez le consommateur ; elle constitue peut-être avant tout pour les hommes ce que nous pourrions appeler un instrument de socialisation à la sexualité et à la « virilité », comme d'ailleurs le reconnaissait la commission américaine. Manuels d'instruction, de bons conseils, spectacles éducatifs. On peut se demander quelle influence aurait la pornographie si des programmes d'éducation sexuelle, non sexistes, étaient appliqués, ou dans un contexte social où l'égalité sexuelle serait acquise et où le modèle dominant de sexualité ne serait pas celui de la virilité, c'est-à-dire d'une sexualité axée sur l'oppression, la contrainte, la performance, la réification des corps.

Quoi qu'il en soit, la pornographie est de toute évidence l'indice d'un certain malaise de civilisation. Mais elle a au moins le mérite de nous renvoyer une image, parfois exacerbée mais sans complaisance, de ce que sont devenues, en grande partie, nos pratiques sexuelles réelles. Et nous commençons peut-être à nous douter que ce que nous avions pris pour une libération, une évolution des moeurs, n'est peut-être qu'une nouvelle forme d'oppression. Oppression non seulement des femmes, mais aussi des hommes dont toutes les possibilités de jouissance ont été réduites à la satisfaction d'un organe minuscule avec une partenaire à moitié humaine. Enfin, en attendant une autre révolution sexuelle, nous ne pouvons qu'espérer que la liberté d'expression ne constituera plus le privilège des pornocrates et que nous pourrons dénoncer la pornographie aussi librement et ostensiblement qu'ils la produisent et la consomment.

Bibliographie

BERGER, François, « L'industrie du sexe au Québec », *La Presse,* 20 mars 1982.

BOUTOT, Bruno, « Défense et illustration de la pornographie », *Le Temps fou,* Montréal, juin 1980.

BRUCKNER, Pascal, FINKIELKRAUT, Alain, *Le Nouveau désordre amoureux,* Paris, Éditions du Seuil, 1977.

CARRIER, Micheline, « La pornographie galopante », *Châtelaine,* vol. 20, n° 7, juin 1979.

DARDIGNA, Anne-Marie, *Les Châteaux d'Eros,* Paris, Maspéro, 1981.

DUNNIGAN, Lise, *La Pornographie et l'érotisation de la violence,* Gouvernement du Québec, Conseil du statut de la femme, 1981.

DWORKIN, Andrea, *Pornography. Men Possessing Women,* New York, Perigee Book, 1981.

LEDERER, Laura, *Take Back the Night,* New York, Williams Morrow Co., 1980.

MOISAN, Lise, « La porno ou le terrorisme mâle », La Vie en rose, mars-avril-mai 1982.

U.S. Government Report of the Commission on Obscenity and Pornography, New York, Bantam Books, 1970.

FEMMES-SANTÉ-SOCIÉTÉ

Double travail...
double santé?
Réflexions en marge d'un atelier [1]

Maria de Konink * et Louise Vandelac **

Dormir... Dormir... Épuisées, exténuées. Et ces mots en vagues sourdes et régulières, « je suis tellement fatiguée, je n'en peux plus ! »

Secrétaire, mère chef de famille de deux enfants, l'une d'elles raconte : « C'est un réflexe ; on me demande comment je vais et je réplique aussitôt, ça va... ça va... mais je suis épuisée. Sauf avec les hommes où je fais semblant. J'ai souvent peur qu'on me trouve trop faible, trop fragile... et pas très séduisante. »

Double tâche, double rôle, vie double et dédoublée. Éternel slalom dans la course contre la montre. Excuses coupables de quitter une réunion qui s'éternise pour courir chercher la petite à la garderie, puis courir encore chez le nettoyeur et l'épicier avec l'enfant qui pleure, les bras chargés.

---

* Agente de recherche
** Enseignante en sociologie, UQAM

[1] Ce texte est le fruit de discussions après l'atelier du colloque Femmes, santé, pouvoir portant sur le double travail. Ce ne sont pas les propos issus directement de l'atelier, mais une réflexion des deux auteures en marge de cette rencontre.

À cette fatigue physique des 70-80 heures de travail domestique et salarié, s'ajoute le stress psychologique du pense-à-tout-et-à-tout-le-monde-tout-le-temps. S'ajoute aussi la tension nerveuse de « switcher » sans arrêt entre deux systèmes de valeurs et deux mondes si différents, voire opposés : celui de la vie privée avec conjoints, amis, enfants où se multiplient à l'infini ces mille-gestes-miroirs-aux-sentiments et où on s'ingénie à ce que tout baigne dans « l'huile d'amour », et par ailleurs, ce monde plus froid du travail, aux gestes morcelés et au temps minuté.

Poussées par les pressions économiques et sociales, et souvent mythifiées par le modèle de « super-femme », on fait donc deux journées de travail en une. Et on le fait avec un zèle fou, à la fois pour prouver notre compétence, tout en démontrant qu'on reste de « vraies » femmes, et à la fois pour faire oublier à la maison comme au bureau qu'on les « triche » un peu ailleurs... Au point de négliger, taire ou dissimuler les marques de fatigue et de nervosité que cette surcharge creuse dans le corps et la tête. Ou, pire, au point de se sentir coupables d'êtres malades, comme s'il s'agissait d'un échec et d'une incapacité personnelle à « fitter » dans le modèle de « super-femme ».

Dans la mesure où le travail domestique, ce travail privé et non rémunéré équivalent pourtant à plus de 40 % du produit national brut, n'est pas reconnu, les femmes sont constamment piégées. Ou elles abdiquent temporairement ou définitivement face à tel métier ou face au marché du travail ; ou elles repoussent les échéances d'éventuelles maternités ; ou encore elles tentent plus ou moins heureusement de concilier les deux rôles avec ce travail à temps partiel chichement payé, ou en se tuant littéralement à la double tâche... Et on a le culot d'appeler ça le « choix des femmes » !

En fait, tant qu'on croira que le travail est « neutre », c'est-à-dire masculin et salarié, on continuera de voir les femmes en emploi comme des « travailleurs neutres », bardés de problèmes dits « spécifiques » de grossesses et d'enfants malades...

Ce seront donc elles qui, à tout coup, seront coupables de venir perturber avec leurs « problèmes de femmes » ce monde sérieux du « vrai travail ». En fait, tant que les femmes n'exigeront pas massivement la reconnaissance de leur re-production domestique, non pour s'y confiner, mais pour en démontrer l'existence afin d'en changer les conditions, et tant qu'elles ne démontreront pas que les sociétés salariales reposent sur l'articulation de la re-production domestique et de la production marchande, qui constituent les deux faces du travail, elles risquent de payer, à même leur santé et leur argent, le fait de travailler doublement...

Des chiffres pour les sceptiques

On estime en France que les femmes accomplissent 50 milliards d'heures de travail domestique et salarié par an, alors que les hommes en
font 39 milliards (Chadeau, Fouquet 1981 : 33 [2])! Par ailleurs, même
si les femmes salariées réduisent leur travail domestique de moitié
comparativement aux ménagères à temps plein (Vanek 1974 : 114),
elles en font encore de 25 à 40 heures par semaine selon le nombre
d'enfants. Si bien « qu'elles doivent rogner chaque jour deux heures
sur le temps de sommeil, de repas, de loisir et de soins personnels »
(Belisle 1982 : 40). Quand au « pseudo » partage des tâches, une enquête
réalisée à Vancouver révèle que « la part du mari, dans la charge de
travail conjointe des deux, décroît en fait quelque peu lorsque les contraintes d'un deuxième travail ou de la présence d'un jeune enfant
s'accumulent » (Meissner 1975 : 338).

Double fatigue et demi-reconnaissance

Pour ce double travail, payé à 60 % du salaire masculin, bon nombre
de femmes écopent de problèmes nerveux et digestifs, de migraines,
de maux de dos, de jambes, d'épaules, « comme si l'on portait le
monde sur nos épaules », dit l'une d'elles. Elles absorbent non seulement le poids de deux charges de travail, mais vivent constamment
la schyzophrénie de concilier ces deux mondes opposés, tout en
encaissant les effets combinés des problèmes de santé spécifiques à
ces deux milieux.

Ainsi, une mère de famille, travaillant comme vendeuse, fera
souvent du « sur-place » entre la caisse, le comptoir, l'évier et le four-
neau pendant 12 à 15 heures par jour, et se plaindra plus d'une fois
de problèmes circulatoires et de maux de dos. Pour des ouvrières,
ce seront les mêmes gestes répétitifs, au rythme des ordres et du
bruit infernal des machines, qui viendra s'emmêler aux cris des
enfants et aux bruits de la télé, et c'est le froid et l'humidité de

---

[2] Oli Howlyryshyn, Statistiques Canada, 1978. Ann Chadeau et Annie Fouquet estiment pour leur part que le travail domestique représente en
France, en 1975, entre un tiers et trois-quarts du produit intérieur brut
selon les méthodes de calcul. Ann Chadeau et Annie Fouquet, « Peut-on
mesurer le travail domestique », in *Économie et statistiques*, Institut
national de la statistique et des études économiques, Paris, septembre
1981, n° 136, p. 29 à 42.

l'usine qui s'ajoutera à celle du logement pour multiplier maux de têtes, courbatures, grippes, angines et surconsommation de médicaments.

Même si nos quotidiens sont remplis de ces exemples, la recherche et la pratique en santé du travail demeurent complètement borgnes face à ce double travail des femmes, se contentant encore d'étudier la seule moitié salariée de nos vies.

Dans la mesure où le travail domestique n'a que très rarement fait l'objet d'études systématiques au niveau de la santé, il est évidemment fort difficile d'établir des corrélations rigoureuses concernant les effets combinés du travail domestique et salarié sur la santé des femmes. Pourtant ces problèmes de « santé au travail domestique » sont bel et bien existants. Ainsi, l'enquête de Carmela Di Rocco, menée à Padoue en 1976, révèle que 23 % des femmes souffrent de dermatites et d'eczema ; problèmes souvent aggravés par l'utilisation des savons, détergents et caustiques. Par ailleurs, 21 % des jeunes femmes et 50 % des femmes plus âgées souffrent de rhumatismes, alors que 20 % souffrent de problèmes circulatoires (notamment de varices) et que 2 % souffrent de problèmes d'allergies respiratoires. À cela s'ajoutent les nombreux accidents domestiques, brûlures, coupures, entorses ou membres cassés, ainsi que les problèmes d'embonpoint, de dépression nerveuse et de surconsommation de médicaments [3].

Élargir les brèches

Depuis quelques années les travailleuses ont revendiqué des aménagements à la double tâche ; congés de maternité, congés parentaux, garderies, etc. Même si ces revendications contiennent en germes une remise en question de l'organisation du travail, elles ne s'attaquent pas directement à l'articulation travail domestique et salarié et contribuent trop souvent essentiellement à accroître la productivité de chacune des tâches. Néanmoins, ces luttes, à cause même de leur logique du double standard et de la profondeur des contradic-

---

[3] Marina Zancan, « Santé et travail ménager : le travail ménager, la maladie de toutes les femmes », in *L'Italie au féminisme* sous la direction de Louise Vandelac, Éditions Tierce, Paris, 1978. On retrouve aussi certaines données complémentaires dans *L'Essai sur la santé des femmes* de Maria de Konink et Francine Saillant, Conseil du statut de la femme, Gouvernement du Québec, juin 1981.

tions qu'elles soulèvent, ouvrent des brèches intéressantes. Elles permettent en effet de reconnaître de façon implicite la valeur et l'importance sociale des tâches liées à la re-production domestique (maternité, travail domestique, etc.). Toutefois ce n'est qu'au moment où les travailleuses risquent de ne plus les accomplir ou risquent de compromettre leur travail salarié qu'on reconnaît ces activités domestiques. Ainsi, paradoxalement, on reconnaît ces tâches de re-production à travers le prisme du travail salarié, soit, en l'occurence, pour celles qui accomplissent en moyenne deux fois moins de travail domestique... En outre, dans la mesure où ces revendications s'inscrivent rarement dans l'articulation production-reproduction, travail domestique et salarié, pour l'ensemble des femmes, elles risquent d'être encore longtemps considérées comme étant des privilèges, des faveurs, ou des concessions magnanimes pour certaines travailleuses privilégiées.

Le retrait préventif : un exemple intéressant

Le retrait préventif est une mesure de la loi 17 sur la santé et sécurité au travail stipulant qu'en cas de conditions de travail comportant des dangers pour elle ou l'enfant, la travailleuse a le droit d'être réaffectée ou retirée de son milieu de travail tout en continuant de percevoir un revenu presque égal à celui qu'elle touche habituellement.

Témoignant de façon tangible de l'existence de la double tâche, le retrait préventif ouvre un débat beaucoup plus intéressant dans l'ordre patriarcal du travail que ne le fait le congé de maternité. Reconnaissant qu'il peut y avoir incompatibilité entre les tâches de re-production de l'espèce et celles de la production marchande, on donne préséance à la re-production de l'espèce. Le salaire est alors en quelque sorte détourné de la production vers la reproduction. Cette brèche témoigne des contradictions inhérentes à cette organisation du travail salarié. Avec les problèmes de santé liés à la grossesse en milieu de travail, impossible en effet d'occulter plus longtemps que la production marchande s'appuie sur la re-production domestique et qu'il faut donc protéger cette dernière, quitte à tenter de réduire ces politiques à des mesures d'exception.

Même si le retrait préventif permet de reconnaître certaines activités de la double tâche (en l'occurence les effets nocifs de certaines activités salariées sur la maternité) comme étant une question de santé au double travail, plusieurs semblent craindre cette politique. Dans le contexte actuel, le retrait préventif est en effet souvent interprété comme une menace à l'embauche des femmes ou une incitation à leur renvoi à la maison, dans la mesure où il vient s'ajouter à d'autres politiques (congés de maternité, etc.), trop souvent perçues par les patrons comme des mesures sociales en dehors de leurs champs de responsabilité, en d'autres mots comme des « emmerdements ».

Actuellement, un nombre croissant de travailleuses informées et collectivement protégées essaie d'utiliser largement le retrait préventif, ce qui leur est d'ailleurs de plus en plus refusé, compte tenu des enjeux. En effet, ce recours permet non seulement de reconnaître la re-production de l'espèce comme une question de santé au travail, mais permet aussi de contester des conditions de travail salarié inacceptables ou à la limite du tolérable et souvent nocives pour tout géniteur, homme ou femme.

Même si, dans les faits, le fonctionnement du retrait préventif est pour le moins erratique, cette mesure qui fait le pont entre les sphères privées et publiques est un excellent exemple des contradiction du marché du travail maintenant admises. D'ailleurs, en incluant cette mesure dans la loi 17, le législateur reconnaissait légalement l'interrelation entre ces deux champs d'activité.

Ainsi, les revendications des femmes relatives aux congés de maternité, garderies, retrait préventif, congés parentaux, etc., font voir à travers le miroir du travail salarié, les préoccupations de la sphère domestique. Plutôt que de continuer de payer à même leur santé pour faire un travail non reconnu et l'autre sous-payé, elles soutiennent implicitement que la re-production est aussi, sinon plus, importante que la production marchande, bousculant du fait même la logique actuelle de l'organisation du travail et la menaçant à long terme.

Mais comment contester cette aberration du double travail féminin, si les seules revendications portent sur les conditions de maternité liées au travail salarié, alors que l'ensemble du travail domestique continue d'être occulté, voire méprisé. Comment développer une analyse cohérente de la santé des femmes au travail, si on n'a pas d'analyses détaillées de la composition et des transformations du travail domestique, ainsi que de ses articulations avec le travail salarié?

En fait, travailler de 60 à 80 heures par semaine, être à la fois isolée et dépendante financièrement à la maison, survivre sur le bien-être social pour élever seule des enfants, repousser ou refuser par contraintes économiques et matérielles d'avoir des enfants, c'est ce qu'on appelle cyniquement les choix des femmes ! En fait, ce sont plutôt des impasses...

Il ne faudrait donc pas que les luttes pour améliorer les conditions des salariées servent à camoufler davantage celles des non-salariées, les culpabilisant, au passage, de ne pouvoir accomplir cette double tâche, nouvelle image de marque des femmes émancipées. Il serait intéressant, au contraire, d'utiliser les revendications concernant la santé des femmes et le double travail pour rendre socialement plus visible l'importance de la re-production domestique de toutes les femmes. Car en fait, payé ou non, ce travail des femmes est au coeur et au croisement des deux productions fondamentales, celle de l'espèce et celle de la marchandise, et c'est peut-être ce qu'il faut vraiment arriver à imposer socialement !

Bibliographie

BELISLE, Diane, « Le temps de travail domestique », in *Recherche sur la production domestique*, Conseil du statut de la femme, document interne non publié.

CHADEAU, Ann et FOUQUET, Annie, « Peut on mesurer le travail domestique », in *Économie et statistiques*, INSEE, Paris, septembre 1981, n° 136, p. 29 à 42.

MEISSNER, Martin, « Sur la division du travail et l'inégalité des sexes », in *Sociologie du travail*, octobre-décembre 1975, p. 327 à 350.

VANEK, Joan, « Time spent in housework », in *Scientific America*, novembre 1974, n° 231, p.116 à 120.

La période post-natale :
une période d'adaptation

Suzanne St-Laurent *

Cet article aurait pu s'intituler « la dépression post-partum », ou « la dépression puerpérale », ou encore, « la dépression post-natale », puisqu'il a d'abord pour objectif de clarifier et de mieux définir la dépression que vit parfois la mère suite à la naissance d'un enfant.

Cependant, s'il a semblé plus approprié d'exclure le terme « dépression » du titre, c'est principalement pour deux raisons. Une première raison est qu'il existe autour du phénomène de la dépression post-partum une certaine confusion, venant du fait que cette appellation a été utilisée dans la littérature pour désigner une série de réactions dépressives d'intensité et de durée variées. C'est donc d'abord pour ne pas risquer d'alimenter cette confusion que le terme « dépression » a été évité au départ, et qu'au long de ce texte, on retrouvera plutôt l'expression « réactions dépressives ».

La seconde raison se trouve dans les limites sémantiques du mot dépression : en prenant exclusivement comme point de départ la dépression post-partum, il ne serait pas possible de tenir compte de difficultés d'adaptation se manifestant autrement que par des réactions dépressives. Ainsi, le terme dépression étant limité à un type particulier de réactions, il apparaît plus approprié de partir ici de la

* Psychologue

notion d'adaptation, cette dernière permettant d'intégrer à la fois les réactions dépressives et d'autres types de problèmes.

Aussi, entendons-nous bien, il n'est pas question de nier l'existence de la dépression post-partum. Ce phénomène assez répandu correspond à une réalité vécue par plusieurs d'entre nous, à des degrés divers. Et de manière générale aussi, femme et dépression sont loin d'être étrangères... Rappelons qu'au Canada deux fois plus de femmes que d'hommes sont hospitalisées pour dépression [1], et que ce sont les femmes mariées et mères d'enfants de moins de six ans qui sont le plus susceptibles de vivre une dépression [2].

Les divers aspects du phénomène de la dépression post-partum seront donc présentés ici à partir d'un modèle que chapeaute la notion d'adaptation post-natale. Les facteurs qui, d'après les chercheurs, sont susceptibles d'amener des réactions dépressives seront discutés et, finalement, quelques stratégies d'intervention en période post-natale seront proposées.

La maternité : une étape

La maternité est un événement important dans la vie d'une femme. Elle peut être considérée comme une étape ou une phase de développement [3], comparable par exemple à l'adolescence ou à la ménopause. La grossesse et la naissance d'un enfant entraînent en effet de grands changements endocriniens, psychologiques, sociaux et environnementaux, accompagnés de modifications du corps rapides et importantes. Cette « étape de développement » a même été qualifiée de « crise maturationnelle [4] ».

De nos jours, la naissance d'un enfant est le plus souvent attendue, souhaitée et préparée. Malgré tout, il arrive que cet événement, qui entraîne chez la mère de nombreux changements physiologiques, affectifs et sociaux, soit parfois vécu difficilement. En fait, la plupart des chercheurs considèrent que les trois premiers mois après l'accou-

---

[1] M.F. Thibodeau, « La femme et la dépression », *Les Femmes et la folie*, 5e Colloque sur la santé mentale, Montréal, mai 1980.

[2] L. Guyon, « La santé des femmes et le contexte québécois », *Les Femmes et la folie*, 5e Colloque sur la santé mentale, Montréal, 1980.

[3] F.J. Kane, « Post-partum disorders », in *Psychiatry III*, 1979, vol. 2, p. 1343-1348.

[4] L. Melchior, « Is the post-partum a time of crisis for some mothers ? », *Canadian Nurse*, juillet 1975, p. 30-31.

chement sont pour la mère une période de vulnérabilité pendant laquelle les problèmes de dépression sont fréquents.

Notre société, cependant, ne semble pas donner le même son de cloche. Au contraire, il semble que l'expérience de la maternité soit entourée d'un halo d'idéalisme. L'image de la « bonne mère [5] », mise en valeur par les médias, guide l'éventuelle maman dans l'apprentissage de son rôle maternel. « La maternité va l'épanouir » ; « Tu vas prendre de la maturité » ; « La naissance d'un enfant va cimenter l'union de votre couple ». Qui n'a pas entendu de telles phrases ?

Le plus souvent, les attentes de la mère, et celles de la société qui l'entoure, vont dans le sens d'une adéquacité naturelle, assurée par l'« instinct maternel ». Pourtant, il n'est pas si certain que l'instinct maternel soit inné, et qu'il se déclenche automatiquement à la naissance d'un enfant ; pas pour Élizabeth Badinter [6] du moins qui, dans *L'Amour en plus*, soutient la thèse contraire, en étudiant les comportements maternels depuis le 17e siècle.

Finalement, ces pressions à l'adéquacité, et l'ensemble des responsabilités accompagnant le rôle maternel, ne seraient-elles pas pour quelque chose dans les sentiments de culpabilité et d'incompétence si souvent ressentis par les mères ? Difficile de répondre à la seule lumière des recherches sur la dépression post-partum, dans lesquelles cette question reste inexplorée. Mais essayons d'abord de voir quelles peuvent être les difficultés d'adaptation post-natales.

Modèle de définition proposé : adaptation et difficultés d'adaptation

Ce modèle a pour objectif d'aider à cerner et à définir les diverses réactions dépressives qui, dans la littérature, ont été nommées « dépression post-partum » et, en même temps, de les intégrer dans le cadre plus large de l'adaptation post-natale. On y voit donc énoncé d'abord que la période post-natale est une période d'adaptation.

Cette notion d'adaptation signifie que, dans tous les cas, une série d'ajustements devra suivre la naissance d'un enfant. Des énergies devront être déployées par la mère et par le père, en vue de s'adapter à leurs nouveaux rôles et à leur nouvel environnement.

---

[5] S. Lamarre et L. Landry-Balas, « La "bonne maman", un obstacle à l'évolution des femmes », *Santé mentale au Canada*, vol. 28, n° 2, 1980.

[6] É. Badinter, *L'Amour en plus. Histoire de l'amour maternel (XVIIe-XXe siècle)*, Flammarion, 1980.

Pour certaines personnes, l'adaptation se fera relativement sans heurts. Pour d'autres, l'expérience de l'enfantement s'avérera égale, ou même supérieure à leurs attentes. La plupart des femmes et des hommes diront cependant que la naissance d'un enfant a apporté plusieurs changements dans leur vie : habitudes de couple, vie sociale, vie professionnelle, tâches, rôles, environnement physique et social.

Il arrive donc que des problèmes d'adaptation puissent se manifester au cours de la période post-natale. Ces problèmes comprennent une série de réactions dépressives, ainsi que diverses difficultés. Il est important de noter cependant que les problèmes ne se succèdent pas selon une échelle de gravité croissante. Il serait en effet difficilement possible d'évaluer la gravité relative de chacun de ces problèmes, celle-ci pouvant s'avérer très variable, selon qu'on utilise un critère d'évaluation plutôt qu'un autre (par ex. : durée du problème ou de la crise, intensité, conséquences sur la relation parents-enfant, conséquences sur la relation de couple).

Ainsi, diverses réactions dépressives ont été observées chez la mère après la naissance d'un enfant, ces réactions (à l'exception des baby blues) surgissant même parfois plusieurs mois plus tard. L'expression « dépression post-partum » a été utilisée presque indifféremment pour désigner chacune de ces réactions. Voyons-les donc une à une.

La réaction la plus répandue est sans doute le « cafard des premiers jours », mieux connu sous le nom de « baby blues ». Ce cafard se manifeste généralement par des pleurs, de la fatigue, des problèmes de sommeil, de l'irritabilité, et est parfois accompagné de difficultés de concentration et de mémoire, et occasionnellement de confusion [7],[8]. Il toucherait, selon les auteures, de 50 % à 80 % des femmes. Cette réaction survient le plus souvent autour du troisième jour après l'accouchement, et coïncide avec les importantes variations hormonales qui accompagnent la montée laiteuse. C'est généralement une réaction passagère, qui dans la plupart des cas, ne présage pas de difficultés d'adaptation ultérieures. Ainsi, apparaît-elle plutôt reliée aux changements physiologiques que connaît la mère et, puisqu'elle survient très tôt après la naissance de l'enfant, on peut difficilement la considérer comme un problème d'adaptation.

---

[7] A. Jarrahi-Zadeh, F.J. Kane, R.L. Van de Castle, P.A. Lachenbruch et J.A. Ewing, « Emotional and cognitive changes in pregnancy and early puerperum », *British Journal of Psychiatry*, 1969, vol. 115, p. 797-805.

[8] B. Pitt, « Maternity blues », *British Journal of Psychiatry*, 1973, vol. 122, p. 431-433.

D'autre part, des réactions dépressives « légères » toucheraient entre 27 % et 34 % des femmes [9],[10]. Ces réactions peuvent se manifester par des larmes, de l'irritabilité, de la fatigue, une perte d'appétit, des difficultés de sommeil, de l'anxiété pour le bébé, des sentiments de culpabilité, de la somatisation [11], et éventuellement par une tendance à surprotéger et à surnourrir l'enfant [12]. Ces manifestations, bien sûr, ne seront pas nécessairement toutes observées à la fois chez les femmes qui connaissent des réactions dépressives légères, ou plus sévères.

D'ailleurs, ce sont ces mêmes manifestations que l'on retrouve chez les femmes qui vivent des réactions dépressives plus graves. Toutefois, dans le cas de réactions dépressives « sévères », ces « symptômes » pourront être plus nombreux, plus intenses, avoir des conséquences plus graves, et entraîner une plus grande désorganisation [13] que dans les cas des réactions dépressives légères. Les réactions sévères toucheraient, selon les auteurs, entre 7 % et 20 % des femmes [14],[15].

Les réactions dépressives « graves », quant à elles, surviennent environ dans une proportion de un cas sur 500 [16], et comportent des risques de suicide ou d'infanticide. Elles nécessiteront des traitements psychiatriques, et généralement une hospitalisation.

Ainsi, des réactions dépressives « légères », « sévères » et « graves » peuvent affecter une certaine proportion de femmes après la naissance d'un enfant. Pratiquement cependant, les limites entre ces diverses réactions ne sont pas si claires. Mais si les qualifications « légères », « sévères » et « graves » ont été retenues ici, malgré les limites qu'elles comportent, c'est qu'elles correspondent aux adjec-

---

[9] N. Uddenberg et I. Englesson, « Prognosis of post-partum mental distur bance ; a prospective study of primiparous women and their 4½ year-old children », *Acta Psychiatr. Scand.*, 1978, vol. 58, p. 201-212.

[10] K. Dalton, « Prospective study into puerperal depression », *British Journal of Psychiatry*, 1971, vol. 118, p. 689-692.

[11] B. Pitt, « A "typical" depression following childbirth », *British Journal of Psychiatry*, 1968, vol. 114, p. 1324-1335.

[12] M. Weissman et E.S. Paykel, *The Depressed Women, a Study of Social Relationships*, The University of Chicago Press, 1974.

[13] Uddenberg et al., 1978, *op. cit.*

[14] Dalton, 1971, *op. cit.*

[15] Uddenberg et al., 1978, *op. cit.*

[16] Kane. 1979, *op. cit.*

tifs utilisés dans la littérature pour qualifier la dépression post-partum, et donc aux données disponibles.

Enfin, les réactions psychotiques, dont l'incidence est d'environ un cas sur 1000 [17], se caractérisent par une grave désorganisation de la pensée et des troubles de comportement. On estime généralement que ces « psychoses puerpérales » sont en fait une forme de dépression [18]. De plus en plus, maintenant, on considère qu'il est important que la mère, même si elle doit être hospitalisée, demeure en contact avec son enfant. Aussi, selon le cas, des arrangements pourront être pris afin que la mère cohabite avec son enfant, ou encore pour qu'elle soit suivie en clinique externe.

En somme, les réactions dépressives, qu'elles soient passagères ou prolongées, qu'elles soient légères ou intenses, touchent bon nombre de femmes. Cependant, dans le processus de l'adaptation post-natale, il arrive que d'autres difficultés surgissent, parfois concurremment ou conséquemment à des réactions dépressives, ou parfois même en l'absence de réactions dépressives.

Quelles pourraient être ces « autres difficultés » ? Par exemple, ces difficultés d'adaptation pourraient se manifester par des difficultés conjugales, des problèmes économiques, des problèmes de santé de la mère, ou encore de la somatisation, celle-ci pouvant s'observer par la surconsommation de services médicaux. Les problèmes de relation avec l'enfant peuvent aussi indiquer la présence de difficultés d'adaptation : surprotection, négligence, abus d'enfant, problèmes de développement de l'enfant en sont des exemples.

En résumé, le modèle de définition proposé ici prend comme point de départ que la période post-natale est une période d'adaptation qui demande des efforts d'adaptation de la part de la mère et du père. Cette notion d'adaptation apparaît d'autant plus utile qu'elle permet d'inclure non seulement les réactions dépressives, mais aussi d'autres difficultés que peuvent vivre les parents après la naissance d'un enfant.

Et les causes ?

Pourquoi certaines femmes ont-elles des réactions dépressives après avoir eu un enfant ? Pourquoi certaines femmes vivent-elles des réac-

---

[17] Kane, 1979, *op. cit.*
[18] Pitt, 1968, *op.cit.*

tions dépressives légères et passagères, alors que d'autres sont encore dépressives trois à quatre ans plus tard ?

Les recherches sont loin de pouvoir apporter des réponses à ces questions, les données qu'elles fournissent étant assez maigres, et souvent contradictoires ; en fait, les recherches ayant eu pour objet l'étude de la « dépression post-partum » sont très peu nombreuses, et la plupart de ces études ont porté sur les tout premiers temps — assez souvent la première semaine — suivant la naissance de l'enfant. En plus, s'il est difficile, à la lecture de cette littérature, de savoir ce qu'on entend par dépression post-partum, il est d'autant plus difficile de tenter d'en dégager les causes. Inutile d'ajouter que sont pratiquement inexistantes actuellement des études qui auraient pris comme point de départ les difficultés d'adaptation de la mère (et du père) plutôt que la dépression maternelle. Enfin, bien qu'un certain nombre d'hypothèses aient été testées quant aux causes des réactions dépressives, on peut tout au plus dégager quelques facteurs qui y sont reliés. Ce qui fait qu'actuellement on ne peut parler de « causes » qu'avec beaucoup de précautions.

Les principales variables qui ont été mises en corrélation avec des réactions dépressives post-partum sont celles reliées aux caractéristiques de la mère, âge, parturition, type d'accouchement, dépressions antécédentes, attentes, personnalité, style cognitif, etc. Quant aux propositions causales, elles se regroupent sous deux principaux types d'hypothèses : l'influence des facteurs biologiques et celle de la personnalité de la mère. Ces propositions reflètent les deux approches théoriques traditionnelles de la dépression de la mère, l'approche bio-médicale et l'approche psychologique de type psychodynamique [19].

Les résultats des études de type biologique n'ont pu encore démontrer que les facteurs physiologiques étaient « la » cause de réactions dépressives [20]. De ces études, quelques corrélations ressortent cependant, et peuvent indiquer une certaine influence de la part de facteurs physiologiques. Par exemple, l'incidence très élevée du « cafard » des premiers jours, et le fait qu'il coïncide avec les importantes variations hormonales suivant l'accouchement, suggèrent l'hypothèse endocrinienne. Néanmoins, on n'a pu jusqu'à maintenant

[19] E.M. Magnus, « Sources of maternal stress in the post-partum period : a review of the literature and an alternative view », in J.E. Parsons, *The Psychobiology of Sex differences and Sex Roles*, McGraw-Hill, U.S.A., 1980.
[20] Kane, 1979, *op. cit.*

établir l'influence des hormones sur les réactions dépressives, faute de mesures adéquates et de contrôles appropriés. Des corrélations significatives ont pu être observées dans quelques études [21],[22],[23] entre des réactions dépressives chez des mères et des difficultés prémenstruelles, indiquant peut-être pour elles une plus grande difficulté à s'ajuster aux variations hormonales. Par ailleurs, d'autres chercheurs [24] ont montré que le stade 4 du sommeil était considérablement réduit pendant les derniers mois de la grossesse et le premier mois suivant l'accouchement, ceci accroissant peut-être la susceptibilité de la femme à des problèmes émotionnels. Enfin, pour ce qui est de l'influence d'autres facteurs physiologiques reliés à l'accouchement — tels que la durée du travail, les complications, l'inconfort subséquent — les résultats des études semblent contradictoires.

En ce qui concerne la seconde approche théorique, la relation entre les facteurs de personnalité et les réactions dépressives serait très incertaine. D'après Pitt [25] par exemple, même si les scores des mères déprimées au MMPI indiquent une personnalité plus névrotique, on ne peut savoir si ces scores sont représentatifs de leur personnalité habituelle. Un autre auteur [26], qui n'a pu observer, selon les tests, de différences de personnalité chez les mères, sauf une tendance à « scorer » plus bas sur une échelle de dépendance, ne peut que suggérer qu'elles sont plus vulnérables après l'accouchement. On n'a pas pu voir non plus de relation significative entre la dépression maternelle et les attitudes positives ou négatives qu'avait la mère pendant sa grossesse face à la venue d'un enfant [27]. Somme toute,

---

[21] I.D. Yalom, D.T. Lunde, R.H. Moos et D.A. Hamburg, « "Post-partum blues" syndrome, a description and related variables », *Arch. of Gen. Psychiat.*, 1968, vol. 18, p. 16-27.

[22] M.K. Anzalone, « Post-partum depression and premenstrual tension, life stress and marital adjustment », *Diss. Abst. Int.*, 1977, vol. 37 (12B-pt.1), p. 6297.

[23] Pitt, 1968, *op. cit.*

[24] I. Karagan, R.L. Williams, C.J. Hursch, M. McCoulley et M.W. Heine, « Some implications of the sleep patterns of pregnancy for post-partum emotional disturbances », *British Journal of Psychiatry*, 1969, vol. 115, p. 929-935.

[25] Pitt, 1968, *op. cit.*.

[26] N. Paschall et N. Newton, « Personality factors and post-partum adjustment », *Primary Care*, 1976, vol. 3(4), p. 741-750.

[27] N.L. Blumberg, « Effects of neonatal risk, maternal attitudes and cognitive style on early post-partum adjustment », *Journal of Abnormal Psychology*, 1980, vol. 89(2), p. 139-150.

il ne semble pas qu'on ait pu démontrer, à ce jour, que les réactions dépressives chez les mères étaient dues à une personnalité « névrotique ».

Il y a plus de chances par contre que les caractéristiques de l'enfant soient associées aux réactions dépressives de la mère. Par exemple, dans l'étude de Blumberg [27], c'est chez les mères de bébés aux risques néonatals les plus élevés qu'à été enregistré le plus haut taux d'anxiété et d'états dépressifs. Pour plusieurs auteurs, finalement, le « bébé qui pleure » (à coliques, à routine difficile à établir) peut être pratiquement considéré comme « le » symptôme de la dépression maternelle.

Le recensement de la littérature concernant des causes ou des facteurs reliés aux réactions dépressives post-partum s'avère plutôt décevant. On part de la mère, de ses caractéristiques physiologiques et psychologiques, et on y reste le plus souvent. D'où viennent donc les sentiments d'inadéquacité, de culpabilité, d'inquiétude, ressentis chez les mères assez souvent ; d'où viennent parfois les difficultés pour les parents de s'ajuster à leur nouveau rôle et d'adapter leur relation à leur nouvelle situation ?

Si les études actuelles permettent de soupçonner que la fatigue de la mère et les caractéristiques de l'enfant sont des facteurs de stress importants, une série d'autres aspects a été pratiquement complètement négligée. Par exemple, on commence seulement à s'interroger sur les effets de l'environnement hospitalier et des pratiques médicales. Par ailleurs, on s'est très peu intéressé à l'impact que pouvaient avoir le support social (aide matérielle et support affectif) et l'isolement sur l'adaptation post-natale. Les notions de rôle, la socialisation des femmes, les influences culturelles et les pressions sociales n'ont pas été intégrées aux analyses.

Il reste donc beaucoup de place pour la recherche sur l'adaptation post-natale. Mais il est dorénavant plus que nécessaire d'élargir les perspectives d'analyse.

L'intervention en période post-natale

Réussir à planifier des programmes qui faciliteraient l'adaptation post-natale, ou même qui préviendraient les difficultés d'adaptation, est l'objectif que poursuivent actuellement plusieurs intervenants(es), et ceci, de plus en plus depuis les recommandations du rapport du colloque « Accoucher ou se faire accoucher [28] ».

---

[28] « Rapport-synthèse : Accoucher ou se faire accoucher », *Bulletin de l'Association pour la santé publique du Québec*, octobre 1981, vol. 5, n° 1.

Mais la prévention apparaît être particulièrement problémati-que. D'un côté, les recherches sur les réactions dépressives post-partum fournissent très peu d'indices de dépistage de difficultés d'adaptation. Par ailleurs, les animatrices de rencontres prénatales savent combien il est difficile de faire imaginer aux futures mères les changements qu'occasionnera la venue de leur enfant.

Une expérience effectuée à Montréal suggère cependant que des interventions précoces pourraient s'avérer préventives. Dans cette expérience [29], on a comparé trois groupes de mères : dans un des groupes, les mères avaient des visites prénatales, et des visites post-natales à contenu éducatif à partir de l'accouchement et pour une période de 15 mois ; dans un second groupe, les visites post-natales commençaient six semaines après l'accouchement, alors qu'un troi-sième groupe ne faisait l'objet d'aucune intervention particulière. On a pu voir que le groupe qui avait bénéficié de contacts prénatals, en plus de visites post-natales dans les tout premiers temps suivant l'ac-couchement, montrait moins de problèmes d'interaction parents-enfants, moins de problèmes d'adaptation de la part de la mère, moins d'accidents chez les enfants, et d'autres différences avanta-geuses par rapport aux autres groupes. Le contact prénatal semblait donc au moins avoir favorisé et facilité la relation entre les parents et les intervenants. Et d'après le National Childbirth Trust (une asso-ciation britannique), « les relations établies avant la naissance du bébé créent l'amitié et l'aide qui préviennent de l'isolement et de la fatigue pouvant mener à un état de dépression [...] le support post-natal est une médecine préventive [30] ».

En ce qui concerne l'intervention, une voie particulièrement pro-metteuse est sans doute celle que présentent les modèles utilisant les ressources (professionnelles et non professionnelles) du milieu, et s'appuyant sur le support offert par des pairs. Au Vancouver Crisis Center [31] par exemple, des mères sévèrement déprimées sont grou-pées deux par deux avec des marraines bénévoles ayant déjà été aidées par le centre ; à Québec, le groupe les Relevailles s'est inspiré du modèle de Vancouver pour mettre sur pied un réseau de marrai-

[29] C.P. Larson, « Efficacity of prenatal and post-partum home visits on child health and development », *Pediatrics*, 1980, vol. 66(2), p. 191-197.
[30] « The development of post-natal support within the National Childbirth Trust », in E. Rossinger, 1977, *Périnatalité et les premières relations* (trois recueils), CSSMM, mars 1981.
[31] J. Robertson, « Modèle de traitement de la dépression puerpérale », *Santé mentale au Canada*, 1980, vol. 38(2), p. 18-19.

nage auquel sont référées les mères vivant des réactions dépressives sévères.

Ainsi, le support offert par des pairs semble représenter un apport important pour la conception de l'intervention de crise. Et même en l'absence de « crise », de plus en plus de groupes initient des projets de support basés sur la coopération entre mères et entre parents : marrainage allaitement, associations de parents d'enfants handicapés, association césarienne, groupes de rencontres mères (parents) enfants, etc... Mais les ressources existantes sont encore loin d'être suffisantes pour rencontrer les besoins ressentis et exprimés par les mères, les parents et les intervenants(es).

Il apparaît donc souhaitable que les intervenants(es) qui rencontrent des mères déprimées, ou vivant d'autres difficultés d'adaptation, évaluent tout d'abord les ressources de support disponibles dans leur milieu, les fassent connaître, et même, contribuent à les multiplier. Il est important aussi que les intervenants(es) soient particulièrement « attentifs », les pressions sociales à l'adéquacité pouvant éventuellement pousser certaines mères à se refermer et à s'isoler. Les interventions devraient viser à revaloriser les mères et à les rassurer sur leur compétence [32], une faible estime de soi contribuant largement aux sentiments dépressifs [33]. En plus, l'occasion devrait être donnée aux mères de s'exprimer, et aussi de prendre « du temps pour soi », les sentiments de culpabilité n'étant pas rares chez les mères. On devrait aussi éviter de proposer ou de montrer aux mères des « modèles » d'accouchement, des « modèles » de bébés, et leur fournir plutôt des informations exactes et individualisées : il est possible que des sources d'information contradictoires contribuent aux sentiments d'insécurité de certaines mères [34]. Enfin, on a observé généralement qu'un retour au travail aidait à la rémission de réactions dépressives sévères [35].

Il reste encore beaucoup de questions auxquelles les futures recherches sur l'adaptation post-natale pourront se proposer de répondre. Il serait souhaitable que ces recherches étudient ce phénomène dans une perspective sociale, et même « écologique ». À cet effet, la voie qu'offre l'étude des réseaux sociaux des parents appa-

---

[32] S.J. Joy, « Travailler efficacement avec les femmes », *Santé mentale au Canada*, 1980, vol. 38(2).

[33] Uddenberg et al., 1978, *op. cit.*

[34] J.T. Grace, « Good grief : coming to term with the childbirth experience », *J.O.G.N. Nursing*, janvier-février 1978, p. 18-22.

[35] Weissman et al., 1974, *op. cit.*

raît être des plus prometteuses, d'autant plus qu'elle incite, plus que nulle autre, à l'activation de réseaux de support social.

Mais, dès maintenant, il est important que les femmes soient mieux informées, qu'elles soient rassurées sur leur compétence, qu'elles soient valorisées, et que soit brisé leur isolement.

Demain, la vieille, c'est moi

Michèle Côté *

La vieillesse affecte indéniablement chacun d'entre nous à un moment précis de notre existence, parce qu'elle nous oblige à modifier nos habitudes de vie et notre façon d'être. Ces modifications provoquent chez les femmes et les hommes âgés des crises existentielles, émotionnelles et (ou) psychologiques qui diffèrent selon le vécu de chacun et la socialisation reçue.

Cet article tente de cerner ce que signifie vieillir au féminin dans notre contexte québécois. À cet effet, il sera fait état de données démographiques, de la masculinisation du troisième et du quatrième âge, de la double norme de vieillissement, de l'état de santé des femmes et de la surmédicalisation de cette étape de la vie. En terminant, nous aborderons les alternatives possibles pour que ces années qui restent deviennent, pour la femme, une dernière phase de croissance.

La situation du vieillissement au Québec

La vieillesse et le vieillissement ne constituent pas des phénomènes récents dans l'histoire de l'humanité. Malgré une recherche constante de produits permettant une éternelle jeunesse, l'être humain a dû se

* Enseignante, département des sciences de la santé,
Université du Québec à Trois-Rivières

soumettre à l'implacable cycle de la vie. Cependant, les données démographiques nous montrent que le groupe des personnes âgées forme une proportion sans cesse croissante de la population totale. Nous sommes donc devant l'évidence du vieillissement de la population, phénomène d'ailleurs commun aux pays industrialisés. Les seuils pour séparer les différents âges de l'existence sont arbitraires, mais comme il faut établir des bases communes, l'âge de 65 ans sera retenu comme indice de démarcation pour le groupe des âgés.

L'évolution du taux de vieillissement des populations n'est toutefois pas identique dans tous les pays. En effet, l'Allemagne fédérale et le Royaume-Uni enregistrent des pourcentages respectifs de 14,6 et 14,1 % (Rapport du groupe Prospective personnes âgées : 1980). Aux États-Unis, cette proportion est actuellement de 10,6 % et l'on prévoit qu'en l'an 2030 les personnes âgées représenteront 17 % de la population, soit un Américain sur six (Murphy : 1978). Au Canada, la croissance de ce groupe d'âge est plus lente. En 1901, lorsque la population canadienne était relativement jeune, les 65 ans et plus représentaient 5,1 % de la population. En 1976, cette proportion avait grimpé à 8,7 % (Denton : 1980).

La progression du nombre de personnes âgées au Québec n'a pas été uniforme et s'est effectuée plus lentement que dans le reste du Canada. En 1971, seule la province de Terre-Neuve avait une proportion de personnes de 65 ans et plus inférieure à celle du Québec (Conseil canadien de développement social : 1973). L'augmentation du nombre d'individus âgés a surtout été importante à partir de 1951. Les données démographiques nous révèlent un accroissement relatif de 50 % du nombre de personnes âgées entre 1961 et 1981 (Gouvernement du Québec : 1980). De plus, tout porte à croire que la proportion actuelle de 8,7 % aura grimpé à 11,7 % en l'an 2001 (Desjardins : 1977 ; Gouvernement du Québec : 1980).

La diminution des naissances a forcément fait varier les proportions des différents groupes d'âge, mais l'amélioration des conditions de vie a modifié la durée de l'existence de l'être humain. En effet, l'espérance de vie à la naissance est passée de 57 ans en 1931, à 72 ans en 1971 (Desjardins : 1977). En 1982, l'espérance de vie se situe aux environs de 77,6 ans pour les femmes et de 69,6 pour les hommes (Gouvernement du Québec : 1980).

Grosso modo, la croissance de l'espérance de vie a été de 18,9 ans chez les femmes et 12,8 ans chez les hommes (Conseil des affaires sociales et de la famille : 1982). Cependant, il faut souligner que ce sont davantage les jeunes qui profitent de cette hausse de l'espérance de vie. En effet, depuis 1930, l'espérance de vie à 30 ans et 60 ans ne s'est accrue respectivement que de 8,7 ans et 4,6 ans pour les femmes et de 2,4 ans et 0,6 ans pour les hommes (Conseil des affaires sociales et de la famille : 1982).

Cette disproportion entre l'espérance de vie chez les femmes et les hommes résulte en la surmortalité masculine. À tous les âges, les femmes ont actuellement un niveau moins élevé de mortalité. À la naissance, il y a environ 105 hommes pour 100 femmes (Miller : 1978). La proportion d'hommes et de femmes se modifie lentement après la naissance pour atteindre, à l'âge de 65 ans, une proportion de 72 hommes pour 100 femmes (Miller : 1978). Ce déséquilibre selon le sexe ne s'observe que depuis l'après-guerre de 1939-1945 (Desjardins : 1977), et il est à prévoir qu'il ira en s'amplifiant pour atteindre, à la fin du siècle, 65 hommes pour 100 femmes. La surmortalité masculine donne lieu à des phénomènes lourds de conséquences chez les femmes âgées : l'état de veuvage, l'isolement et la pauvreté. En effet, 62 % des femmes âgées de 65 ans sont seules, comparativement à 25 % chez les hommes (Markson : 1980). L'âge ne fait que confirmer l'écart puisqu'à 75 ans, 78 % des femmes comparé à 32 % des hommes ont perdu leur conjoint (Markson : 1980). À l'approche de 85 ans, seulement deux hommes sur cinq sont veufs, comparé à quatre femmes sur cinq (Markson : 1980).

La perte du compagnon, en plus d'avoir des influences sur l'isolement de la femme âgée, la confine, très souvent, à un état de pauvreté permanent. Les femmes âgées au Canada, dans une proportion de 75 %, n'ont d'autres revenus que la pension de vieillesse et les autres transferts gouvernementaux (Desjardins : 1977). La cause principale de l'indigence des veuves s'avère la vulnérabilité financière extrême de la plupart des femmes mariées âgées (Dulude : 1978 ; Miller : 1978). Lors du décès du conjoint, la femme enterre, en plus d'un être aimé, statut, identité et fortune.

Les données démographiques précédentes nous permettent d'esquisser le profil de la population âgée du Québec. Il s'agit, en l'occurrence, de femmes qui sont majoritairement veuves et vivent hors famille (Desjardins : 1977). La plupart de ces femmes n'ayant pas contribué à des fonds de pension privés se retrouvent, à la mort du conjoint, dans une situation financière précaire.

La masculinisation du 3ᵉ âge

Dans notre société nord-américaine, l'âge de 65 ans modifie radicalement les valeurs acquises par l'individu tout au long de sa vie. Il y a rupture avec le passé. La personne âgée doit s'adapter à son nouveau statut qui lui apporte certains avantages comme le repos, les loisirs, mais aussi de graves désavantages comme l'appauvrissement et la disqualification (de Beauvoir : 1970). Cette situation où l'individu perd la plupart de ses points d'ancrage s'avère d'autant plus injuste pour les femmes âgées.

Après avoir été traitées comme des citoyennes de deuxième ordre toute leur vie, s'être vues attribuer nombre de défauts et de qualités mythiques en raison de leur identité sexuelle, les femmes âgées perdent la seule chose à laquelle notre société les identifiait, leur sexe (Dulude : 1978 ; Dulude : 1980). Il ne s'agit pas seulement de notre sexualité ou de nos attraits physiques, mais de quelque chose de bien plus fondamental : on nous enlève même notre genre (Sommers : 1978). Les centaines d'articles écrits sur les âgés ne font pas de distinction entre ce que vivent les femmes et les hommes âgés. Au contraire, le vieillissement des femmes est récupéré et annihilé au profit d'un groupe qu'on appelle troisième âge, âge d'or, retraités, vieux, personnes âgées et autres. Les femmes âgées tendent à devenir invisibles dans les statistiques, les théories et les programmes sociaux touchant les âgés (Sommers : 1978). On parle des problèmes des retraités alors que bon nombre de femmes de cet âge n'ont jamais eu d'emploi rémunéré (Dulude : 1980). Car pour la femme, le fait de tenir maison, de procurer des bras pour édifier le pays, le support et l'entretien du mari constitue, en définitive, une tâche normale et gratuite.

Le vieillissement, selon ce que l'on veut nous faire croire, affecte surtout les hommes. Ainsi, la plupart des théories bio-psycho-sociales concernant le vieillissement ont une vision masculine du phénomène. Pour illustrer ces dires, nous retenons la théorie du désengagement. Selon les auteurs, Cumming et Henry (1961), le processus normal du vieillissement correspond à un double désengagement inévitable et réciproque. Guillemard (1974) résume ainsi cette théorie : « d'une part, l'individu se retire de la société et d'autre part, la société reprend progressivement à l'individu toutes les responsabilités sociales qui lui étaient auparavant conférées ».

De quelles responsabilités veut-on parler ? Les femmes ont eu très peu de responsabilités à travers tous les âges de leur vie. D'ailleurs, le travail au foyer ne leur attribue pas le statut de travailleur.

L'âge de la retraite est standard pour l'homme mais la femme a souvent fait face aux mêmes crises bien avant 65 ans (Sommers : 1978).

La femme de cet âge a terminé depuis quelques années sa période de ménopause, ce qui a eu pour effet de mettre un terme à sa fonction biologique et sociale de reproduction. Le rôle de la mère s'est estompé graduellement avec le départ du dernier enfant. Celui d'épouse est souvent disparu suite à la mort du conjoint. Actuellement, la femme de 65 ans ne vit pas le traumatisme de la retraite mais bien celui du nid vide (Sommers : 1978).

La distinction cruciale entre les personnes âgées des deux sexes provient de leur condition familiale particulière.

Le peu d'intérêt suscité par la situation des femmes âgées, la neutralisation et la masculinisation systématique du troisième et du quatrième âge, pourraient peut-être s'expliquer par le modèle masculin de notre société. En effet, ce modèle centré sur l'homme découle de la notion traditionnelle selon laquelle le monde se partage en deux grandes catégories : d'une part, les gens qui participent à plein temps au marché du travail, d'autre part, les gens que l'on doit faire vivre avec les déductions prélevées sur le salaire des premiers (Dulude : 1981). Par suite d'une non-reconnaissance du travail ménager, les femmes font partie de la seconde catégorie toute leur vie.

Peu d'auteurs se sont attardés à étudier parallèlement le vieillissement au féminin et celui au masculin. Lorsqu'on effectue cette dichotomie, on s'aperçoit que le vieillissement est davantage un problème de femmes. Selon Atchley (1976), après enquête auprès de 3630 personnes, les femmes vivent de manière plus négative leur vieillesse. En effet, les femmes qui ont déjà travaillé s'adaptent plus difficilement à la retraite. De plus, les femmes âgées présentent un niveau d'isolement plus important que les hommes. Elles sont plus anxieuses, se préoccupent davantage de la critique et manifestent plus de symptômes de dépression (Atchley : 1976). Dans notre culture, les femmes de tous les âges ont un niveau d'estime de soi plus bas que celui des hommes (Turner : 1979). Cette estime de soi décline de manière significative chez les personnes âgées, mais, encore là, les femmes sont perdantes (Atchley : 1976). Elles se perçoivent de manière très négative, car elles doivent faire face à la double norme de la féminité et de la vieillesse.

La masculinisation du troisième âge nous a conduits à sous-estimer la gravité des problèmes des femmes et l'état de leurs besoins. Les modes d'existence des femmes et des hommes, ainsi que la manière d'assumer la vieillesse, sont tout aussi différents qu'ils l'ont été pendant le reste de leur vie. Ni les femmes, ni les hommes, lors du franchissement de la barrière fatidique de 65 ans, n'acquièrent une féminisation ou une masculinisation de leur façon de penser, d'agir et de vivre.

Femme et vieille

Dans notre culture, les femmes sont identifiées au symbole de la jeunesse, de l'être qui doit demeurer beau, sans rides et n'a de valeur que pour un laps de temps fort court (Ravinel : 1979). Dans les faits, les femmes sont les premières victimes des stéréotypes sexuels et des rôles qui leur sont assignés par la société (Posner : 1980). Le rôle d'objet sexuel de la femme, basé sur sa beauté physique et non sur son intelligence ou sa fonction sociale, fait d'elle une proie facile pour les vendeurs de jeunesse en bouteille. L'ordonnance de la beauté régit chaque étape de la vie des femmes. À travers les âges, les femmes, en l'honneur d'un critère de beauté prétendument immuable, se sont successivement liées, peintes, tordues, épilées, pétries, affamées, empiffrées, rendues infirmes, tatouées et mutilées (Dulude : 1978). Les critères de beauté sont complètement artificiels et ne correspondent en rien à l'apparence réelle des femmes (Dulude : 1978).

Il y a donc deux poids, deux mesures, deux processus de vieillissement. Les femmes vieillissantes sont jugées d'une manière plus négative que les hommes. Ainsi, dès la cinquantaine, on les assimile sans élégance à un fruit avancé en disant d'elles qu'elles sont un peu mûres (Ravinel : 1979). La société considère comme vieille une femme de 60 ans tandis que l'homme est classé comme vieux à partir de 65 ans (Miller : 1978 ; Turner : 1979). Cette variation d'âge semble établie à partir de critères de beauté tels les rides, les cheveux blancs et les attraits physiques (Harris : 1978). Les différences entre les femmes et les hommes dans cette période de la vie sont le résultat d'une discrimination (Miller : 1978).

Selon Sontag (1972), le vieillissement dans notre société détruit progressivement l'individu mais surtout la femme. Celle-ci se verra dénigrée si elle marie un homme plus jeune qu'elle. Cependant, les hommes ne sont pas soumis au même tabou puisque la quarantaine et la cinquantaine correspondent à un plus haut niveau de pouvoir, de fortune et de sagesse (Sommers : 1978).

Les femmes vieillissantes auront plus de difficultés à se trouver et à garder un emploi car, dans bien des cas, elles ne peuvent se permettre de vieillir. Elles passent d'ailleurs plus de temps devant le miroir et utilisent mille produits miracles afin de cacher les années qui passent (Sontag : 1972). On encourage rarement les femmes à poursuivre des exercices physiques à travers le sport (Sontag : 1972). Les activités proposées aux femmes âgées visent surtout l'amélioration de leur image corporelle : salon de beauté, programmes pour améliorer leur capacité physique et diminuer leur poids (Barrow : 1979 ; Posner : 1980).

Autrement dit, il est obscène de vieillir pour une femme. La femme qui voit ses seins devenir flasques, son corps se couvrir de rides, ses mains se tacheter de plaques brunes, ses cheveux s'amincir et blanchir ainsi que ses jambes se veiner ne peut que se dévaloriser face à une société qui maintient bien haut comme un drapeau le mythe jeunesse égale beauté égale amour (Sontag : 1972). La femme appréhende le vieillissement qui fera d'elle un être « moins attrayant » et « ridé » (Miller : 1978). Comment ne pas comprendre que les femmes aient un plus haut niveau de stress que les hommes face au vieillissement (Atchley : 1976).

De toute évidence, la socialisation et les normes sociales rendent la transition du dernier âge plus difficile pour les femmes que pour les hommes (Turner : 1979). Les femmes sont ridiculisées dans leur vieillissement et font plus souvent l'objet d'une dépréciation dans les bandes dessinées (Turner : 1979). Ces images de la vieille contribuent à développer notre hantise des rides et nos stéréotypes face aux femmes âgées. La littérature, pour sa part, nous la représente sous trois formes. D'abord la sorcière, cette vieille dame laide, au nez crochu, un peu bizarre, qui prépare des mixtures aphrodisiaques ou diaboliques et mange les enfants au petit déjeuner (Dulude : 1978). Puis on nous réconcilie avec les femmes âgées en nous les présentant sous les traits d'une bonne mémère qui se berce tranquillement près du feu en attendant la visite de ses petits enfants (Dulude : 1978). Elle n'est jamais oisive ou malheureuse. Enfin le troisième symbole est celui de la vieille qui apparaît comme plutôt neutre. Selon Comfort (1978), nous pourrions dire qu'elle a les cheveux blancs, ne fait pas grand-chose et n'exige rien de personne. Elle sait s'accomoder de la solitude et de l'ennui, ne se fâche pas si on l'exploite et peut vivre de peu de choses. Elle n'est pas folle, seulement un peu simple d'esprit et n'a aucune vie sexuelle. Cette vieille ne peut faire autre chose que se lamenter, raconter des histoires anciennes et fréquenter les salons funéraires.

Les stéréotypes associés au vieillissement des femmes cachent la très grande difficulté qu'elles éprouvent pour demeurer elles-mêmes tout en avançant en âge. Perpétuer la notion de beauté pour la femme consiste à dire qu'elles n'ont rien d'autre à offrir que leur corps et qu'aucun degré d'intelligence, de connaissances et de sagesse ne peut compenser leur jeunesse perdue.

La santé des femmes vieillissantes

Les statistiques nous montrent que l'état de santé des individus fluctue en fonction de l'âge. Au chapitre des soins de santé il est reconnu que les carences physiques, émotives et sociales augmentent avec l'âge, que les femmes et les hommes âgés ont une santé précaire (Berg : 1970 ; Shanas : 1974 ; Isaac : 1976 ; Hain : 1976 ; Bayne : 1977 ; Phyllis : 1979 ; Havens : 1980 ; Lebeau : 1980) et qu'ils fréquentent régulièrement les salles d'urgence et les cliniques des hôpitaux (Villeneuve : 1978 ; Béland : 1981). Les personnes âgées doivent être souvent hospitalisées, et ce pour des périodes assez longues (Jobin : 1979). En 1977, 26 % des journées d'hospitalisation dans les centres de soins de courte durée étaient attribuables à des personnes de plus de 64 ans (Jobin : 1979).

Malgré un rapport de de consommation de soins de santé entre les personnes âgées et la population en général de 2 % (Gouvernement du Québec : 1977), la majorité des individus de 65 ans et plus se considère en bonne santé (Barrow : 1979 ; Campbell : 1981). Cet état de fait peut s'expliquer par la perception qu'a la personne âgée de la maladie. En effet, pour elle, la maladie est associée au niveau d'arrêt des activités de la vie quotidienne (Myles : 1978). De plus, la perception qu'ont les individus âgés de leur santé est presqu'entièrement basée sur leur condition physique actuelle telle que décrite par le médecin (Mutran : 1979).

La médicalisation du vécu des femmes fait de plus en plus l'objet de recherches (Conseil du statut de la femme : 1981) et il s'avère intéressant de poursuivre ces réflexions au-delà de l'âge de 65 ans. D'après les résultats de l'enquête Santé Canada (1981), les périodes d'incapacité brèves s'établissent en moyenne à 15,7 jours par année et par personne. Toutefois, la fréquence des journées d'incapacité légère est passablement plus élevée chez les femmes et les vieillards. Elle correspond à 18,9 jours pour les femmes et 35 jours pour les âgés. Les femmes âgées de 65 ans et plus présentent 12,5 % de tous les problèmes de santé alors que cette catégorie d'âge compte pour à peine 4,9 % de l'ensemble de la population (Gouvernement du Canada : 1981).

Les problèmes de santé conduisent souvent à diminuer les activités habituelles. Ainsi le taux de journées d'alitement s'élève à 5,3 jours pour l'ensemble de la population canadienne alors qu'il est de 10,55 pour les hommes âgés et de 15,28 pour les femmes âgées (Gouvernement du Canada : 1981). L'impossibilité, pour les personnes âgées, d'exercer leur activité principale se traduit par un taux annuel de 15,59 journées pour les femmes comparativement à 10,13 journées pour les hommes (Gouvernement du Canada : 1981). En combinant les journées d'alitement, les jours d'abandon des activités principales et ceux de restriction des activités, nous constatons que les femmes âgées connaissent une moyenne de 38,78 jours comparativement à 30,19 pour les hommes âgés (Gouvernement du Canada : 1981).

L'enquête sur la santé des Canadiens a aussi investigué l'incapacité à long terme. Cette catégorie se rapporte aux problèmes dentaires, aux troubles visuels et auditifs ainsi qu'à la restriction des activités (Gouvernement du Canada : 1981). Près de 14 % des hommes et seulement 4,9 % des femmes de 65 ans et plus ont dû mettre un frein à leur activité principale (Gouvernement du Canada : 1981). Dans l'ensemble, il ressort que la limitation des activités affecte également les individus des deux sexes. Cependant les femmes ont subi, dans une proportion beaucoup plus forte, des restrictions mineures, alors que les hommes se trouvent plutôt contraints de cesser leur activité principale pour quelque temps (Gouvernement du Canada : 1981).

Les restrictions d'activités, en plus d'engendrer des coûts exhorbitants dans le domaine de la santé, provoquent une diminution du niveau de bien-être de l'individu. Les restrictions d'activités, du fait de problèmes de santé, représentent 14,5 années ou 18,6 % de l'espérance de vie à la naissance chez la femme et 9,10 années ou 13,2 % chez l'homme (Conseil des affaires sociales : 1982). Les femmes voient donc leur capacité fonctionnelle réduite sur une plus longue période de temps. Cependant, ces atteintes sont moins sévères que chez les hommes (Conseil des affaires sociales : 1982).

La présence de problèmes de santé est reliée au processus du vieillissement. Cependant, on ne peut passer sous silence l'effet nocif des habitudes alimentaires des personnes âgées. Les femmes de 65 ans et plus se retrouvent avec les pires habitudes alimentaires au Canada (Dulude : 1978). Un surplus de poids ou l'obésité constitue le lot de 80 % d'entre elles. Selon l'enquête Nutrition Canada (1973), près de la moitié des femmes âgées n'absorbent pas assez de protéines, de fer, de calcium, de vitamine A, de thiamine et de riboflavine. De plus, 30 % présentent un taux de cholestérol dangereusement élevé (Gouvernement du Canada : 1973). Le surplus de poids noté chez les femmes âgées ne provient pas d'une suralimentation mais d'une mauvaise alimentation (Gouvernement du Canada : 1973). La pauvreté, la solitude, la dépression, une mauvaise dentition, la maladie et autres (Dulude : 1978) conduisent les femmes à adopter une alimentation pauvre en résidus, ayant une forte teneur en glucides et peu nutritive.

Qu'en est-il de leur santé mentale ? L'enquête sur la santé des Canadiens (1981) nous montre que les personnes âgées de 65 ans et plus envisagent leur sort d'une manière moins positive que tous les autres groupes d'âge. À partir de 35 ans, il se produit, sur l'échelle d'équilibre affectif, un décalage entre les hommes et les femmes, ces dernières se situant davantage du côté négatif de l'échelle (Gouvernement du Canada : 1981). Le vieillissement se caractérise, chez les femmes, par un ajustement à la discontinuité (Kline : 1975). On a vu qu'elles font face à une série de pertes, à la dévaluation de leur statut de mère et d'épouse, à l'absence de rôles socialement acceptés et souhaités. De plus, elles ont moins de ressources financières et ont plus de difficulté à s'intégrer aux activités de la société, ce qui contribue à augmenter les symptômes d'anxiété et de dépression. Les femmes québécoises, en général, consomment davantage de médicaments pour pallier à des troubles mentaux (dépression, insomnie, etc.) que toutes les autres Canadiennes (Conseil des affaires sociales : 1982).

Enfin, près de 15 % des personnes âgées, surtout des femmes, présentent des problèmes d'ordre psychologique et la dégénérescence sénile ne suffit certes pas à expliquer le nombre élevé de psychopathies.

Chez les personnes âgées des deux sexes, les dépressions, les états anxieux et d'autres comportements inhibés résultent, selon toute évidence, du clivage entre ce qu'elles désirent vivre et ce qu'il leur est actuellement permis de vivre. Une meilleure connaissance de la société et de son fonctionnement nous suggère que la dépression résulte de la structure sociale qui prive l'individu de certains rôles lui donnant un contrôle sur sa destinée (Chenitz : 1979). Par ailleurs, on sait que l'absence d'un réseau de support social immédiat influence la capacité de l'individu à réagir d'une manière positive aux événements stressants de la vie (Brandt : 1981).

Les informations que nous possédons nous montrent que l'état des femmes âgées n'est pas crucial par suite de leur nombre mais bien à cause d'inégalités familiales, sociales et économiques (Kline : 1975 ; Dulude : 1978 ; Kivett : 1979 ; Vincente : 1979 ; Lally : 1979 ; Dulude : 1980). En effet, les femmes âgées font face plus souvent que les hommes du même âge à l'isolement (Kivett : 1979 ; Barry : 1980 ; Matthews : 1980), aux pertes de rôles (Rosow : 1973 ; Uhlenberg :

1979), à un bas niveau d'estime d'elles-mêmes (L'Éccuyer : 1978 ; Turner : 1979) et au manque de débrouillardise (Dulude : 1980).

Selon toute évidence, il existe un lien direct entre la socialisation des femmes et les problèmes auxquels elles ont à faire face dans leur âge avancé. Leur éducation les a conduites à développer le besoin d'être davantage passives, protégées et guidées (Kivett : 1979 ; Posner : 1980). Les femmes s'ajustent à la discontinuité toute leur vie, c'est pourquoi elles semblent accepter quasi volontairement le seul rôle du troisième âge, soit celui de malade, c'est-à-dire d'être passif et dépendant.

La surmédicalisation du veillissement des femmes

L'état de santé physique et mental des femmes entraîne inévitablement une surmédicalisation de leur vécu car la réussite de notre système de santé repose sur sa capacité à enlever ou à manipuler les causes des maladies (Berkeley Holistic Health Center : 1978). Dans cette optique, le vieillissement n'apparaît pas comme un processus normal mais bien comme un ennemi à combattre, à éliminer par tous les moyens ou, à défaut, à camoufler.

Selon le Conseil des affaires sociales (1982), pas moins de 72 % des personnes âgées font usage régulièrement de médicaments. Le nombre de personnes âgées qui consomment plusieurs médicaments est aussi très important. Les femmes âgées mènent le bal car le quart d'entre elles ingurgitent au moins trois sortes de médicaments différents en même temps (Gouvernement du Canada : 1981). Afin d'avoir une vue d'ensemble, quatre types de médicaments parmi les plus absorbés seront retenus. Il s'agit, en l'occurence, des vitamines, des analgésiques, des médicaments pour le rhume et des psychotropes (tranquillisants ou somnifères).

Les vitamines constituent le médicament le plus utilisé par l'ensemble de la population canadienne (Gouvernement du Canada : 1981). Malgré le fait que les Québécois consomment moins ce médicament, la Régie de l'assurance-maladie du Québec a dû verser, en 1980, trois millions de dollars pour ce type d'ordonnances aux personnes âgées et aux assistés sociaux (Conseil des affaires sociales : 1982). Les prescriptions remboursées pour les personnes âgées représentent les deux tiers du coût. Il y a donc surconsommation de ce médicament chez les âgés puisqu'ils ne constituent que 54 % de la population des bénéficiaires du régime des médicaments (Conseil des affaires sociales : 1982).

En regard des analgésiques, nous constatons qu'ils sont consommés d'une manière moins intensive que les vitamines, cependant ils se retrouvent en plus forte proportion dans les pharmacies des foyers canadiens. Il appert que pas moins de 24,6 % des femmes âgées et 16,1 % des hommes âgés font usage de ces médicaments (Conseil des affaires sociales : 1982). Au dire de Murray cité par Prescott (1974), les gens qui abusent des analgésiques sont souvent déprimés, névrosés, malheureux, seuls et se sentent dans l'insécurité. Ils se rendent fréquemment à l'hôpital avec une série de plaintes pour attirer la sympathie et l'attention. Au niveau de la consommation des médicaments pour le rhume, le Québec occupe le premier rang des provinces canadiennes (Gouvernement du Canada : 1981). Bien que les femmes utilisent davantage ces médicaments (Conseil des affaires sociales : 1982), à partir de 50 ans, les hommes les absorbent sur de plus longues périodes ou en plus grosse quantité que les femmes (Conseil des affaires sociales : 1982).

Le Québec enregistre aussi le plus haut taux de consommation de tranquillisants et de somnifères (Conseil des affaires sociales : 1982). Environ 25 % des femmes âgées québécoises comparativement à 12 % des hommes âgés utilisent ce type de médicaments (Conseil des affaires sociales). Les chiffres cités précédemment nous portent à croire que les femmes âgées en absorbent deux fois plus souvent que les hommes âgés. Les psychotropes entraînent chez les individus âgés des effets secondaires importants. L'action des somnifères peut se prolonger dans la journée et aggraver, notamment, des états dépressifs préexistants (Conseil des affaires sociales : 1982). Ils peuvent aussi provoquer de la fatigue, de l'atonie et de l'interférence dans le jugement (Conseil des affaires sociales : 1982). Les personnes les plus susceptibles de se voir prescrire des psychotropes sont celles qui recherchent un support psychologique, qui sont socialement isolées, qui vivent des frustrations importantes et n'ont pas de but dans la vie (Conseil des affaires sociales : 1982).

La médecine, ne pouvant répondre aux problèmes sociaux et économiques des femmes âgées, médicalise leur état. Le fait, pour la femme âgée, de prendre un médicament constitue une manière de s'en remettre à une aide extérieure. D'ailleurs, n'est-ce pas là le rôle qu'elle a toujours appris et vécu ? La socialisation des femmes les conduit à avoir peu d'emprise sur l'environnement et les événements.

La société n'attend rien des vieilles et c'est là le coeur de la crise d'identité manifestée sous forme de surmédicalisation. Il n'y a pas d'actualisation possible, valorisante, significative pour soi et les autres, puisque ces autres n'attendent rien ; au contraire, même ces autres ont peur, peur de cette vieillesse qui les attend et qui remet en cause les valeurs auxquelles ils sont tant attachés. D'ailleurs, n'avons-nous pas construit des ghettos pour les vieux ou plutôt pour les vieilles afin de les protéger ?

Les femmes âgées aliènent leur liberté plus souvent que les hommes âgés pour pallier à leur isolement, à leur solitude, à leur besoin d'amour et d'affection. Pour une femme, le risque d'entrer en institution avant de mourir est plus élevé que pour un homme (Vincente : 1979). Les femmes âgées constituent aussi les deux-tiers des occupants des habitations à prix modique (Conseil canadien de développement social : 1974). Enfin, le portrait robot des personnes âgées qui doivent séjourner de façon prolongée à l'hôpital est le suivant : personne de sexe féminin, catholique, qui vit sous le seuil de la pauvreté et a tendance a se marginaliser à cause de son isolement.

Les facteurs de détermination de l'utilisation des services sociaux et de santé dépendent, en grande partie, de l'âge, du sexe, des attitudes face à la maladie, des facteurs sociétaux et de l'appartenance à un réseau social et familial. La vulnérabilité des femmes âgées, par suite de leur isolement, les expose à recevoir des médecins et autres spécialistes de la santé, des traitements inadéquats et inappropriés (Conseil consultatif canadien de la situation de la femme : 1980). Les femmes âgées, qui ont souvent besoin de se faire soigner pour plusieurs problèmes à la fois, doivent rencontrer une kyrielle de professionnels, ce qui a pour effet de fragmenter les soins sans pour autant en assurer la continuité.

Alternative de santé : la promotion

Actuellement, le système de santé nie totalement les besoins des femmes en général. C'est pourquoi il apparaît urgent de redéfinir l'indispensable lien entre les traitements préventifs et curatifs. La réappropriation de nos corps et de notre vécu de femme passe, sans contredit, par la modification des soins de santé.

La vision holistique de la santé est une façon positive de repenser la réalité (Gross : 1980 ; Berliner : 1980). Dans ce contexte, « la santé est un état d'être qui découle de l'harmonie à l'intérieur des individus, entre les personnes ainsi qu'entre les gens et leur milieu naturel » (Institut Vanier de la famille : 1980). L'individu y fait figure d'élément intégral et non distinct de la nature et il doit tendre à être en accord avec lui-même et avec le monde qui l'entoure (Institut

Vanier de la famille : 1980). Cette approche de la santé propose une vision globale de l'être humain.

Malgré l'acceptation d'une notion positive de la santé, il ne s'avère pas possible de dire que cette dernière est l'adaptation complète de l'individu à son milieu, car la vie comporte de nombreuses variables irréductibles (Pampalon : 1980). Il serait préférable de dire que la santé découle de l'équilibre et de l'harmonie entre les différentes composantes bio-psycho-sociales de l'être humain en relation avec les forces de l'environnement. Les dimensions essentielles de la promotion de la santé sont en définitive « l'autonomie de la personne et la maîtrise de cette dernière sur elle-même » (Martin : 1976). L'acquisition de l'autonomie ne garantit cependant pas la réappropriation de la santé par l'individu. En effet, la santé ne peut être trouvée que dans la recherche de l'équilibre, parfois subtil, des choix individuels et collectifs. Ces choix prennent racine dans la participation et la confiance en nos propres ressources. Les interventions relatives à la promotion de la santé doivent « être dirigées vers l'intérieur (actions et choix personnels) et vers l'extérieur (actions et choix collectifs) » (Institut Vanier de la famille : 1980).

Nous devons développer, dès à présent, des approches qui s'inscrivent dans une vision globale des femmes âgées et qui tiennent compte de leur environnement. Il s'agit de promouvoir l'utilisation maximale par l'individu de ses propres potentialités et de favoriser le maintien de son intégrité, à travers l'adaptation. Le défi est de taille car les femmes n'ont souvent appris qu'à plaire, à se taire et à être passives. Le fait de se préoccuper et de s'occuper de soi constitue des modifications majeures dans leur échelle des valeurs. Elles ont vécu toute leur vie pour les autres et n'ont connu, la plupart du temps, que la résignation, le don de soi, l'oubli et l'abnégation.

Notre action doit se porter à plusieurs niveaux. D'abord, nous devons apporter notre support aux femmes âgées afin qu'elles vivent leur troisième et quatrième âge dans leur milieu naturel. Parallèlement, nous devons modifier le système de distribution de soins de santé qui augmente leur dépendance infantile. Finalement, notre implication en tant que femmes, mères et éducatrices, doit nous conduire à modifier la socialisation de nos enfants des deux sexes, car la non-réussite de ces tâches nous condamne nous aussi au même sort que nos aînées.

En conclusion, le Québec, comme les autres pays, est confronté à la surmortalité masculine. Il absorbe un pourcentage sans cesse croissant de femmes âgées qui, au terme de leur vie, se retrouvent seules, isolées, pauvres et souvent malades. L'investissement humain et économique pour le maintien de la qualité de la vie de ce groupe ne cesse de croître dans un contexte de médecine mécaniste et réductionniste. Il est urgent de modifier le rôle de malade dévolu aux âgés et de façon particulière aux femmes âgées. Notre action doit privilégier l'équilibre entre la promotion de la santé, les soins curatifs et de réadaptation. Cette manière de voir nous conduira, la chose est sûre, vers une conception plus positive de la vieillesse et du vieillissement. Les femmes pourront alors considérer que la sagesse et l'expérience remplacent de manière équitable la beauté corporelle stéréotypée définie par les hommes. Le temps presse car, demain, elles seront devenues nous.

Bibliographie

ATCHLEY, Rogert C., « Selected social and psychological differences between men and women », *Journal of Gerontology*, 31, March 1976, p. 204-211.

BARROW, Georgia M. et SMITH, Patricia A., *Aging, Ageism and Society*, Minnesota, West Publishing Co., 1979.

BARRY, John R., « Counseling the Aging », *The Personal and Guidance Journal*, 59, Oct. 1980, p. 122-124.

BAYNE, Ronald, « Meeting the many health and social needs of the Elderly », *Geriatrics*, 32, April 1977, p. 123-126 et 130.

BÉLAND, François, *Méthodologie pour l'évaluation de programmes socio-sanitaires : le cas des services à domicile pour personnes âgées*, Québec, Université Laval, Département de sociologie, 1981.

BERG, Robert L., BROWNING, Francis E., Hill, John G. et WENKERT, Walter, « Assessing the health care needs of the aged », *Health Services Research*, 5, Spring 1980, p. 36-59.

BERKELEY HOLISTIC HEALTH CENTER, *The holistic health handbook*, California Press, 1978.

BERLINER, Howard S. et SALMON, Warren J., « The holistic alternative to scientific medicine: history and analysis », *International Journal of Health Services* 10, n° 1, 1980, p. 133-147.

BRANDT, Patricia A. et WEINERT, Clarann, « The PRQ — A Social Support Measure », *Nursing Research*, 30, Sept.-Oct. 1981, p. 277-280.

CAMPBELL, Ruth et CHENOWETH, Barbara, « Health education as a basis for social support », *The Gerontologist*, 21, Dec. 1981, p. 619-627.

CHENITZ, Carole W., « Primary depression in older women: are current theories and treatment of depression relevant go this age group ? », *Journal of Psychiatric Nursing and Mental Health Services*, 17, Aug. 1979, p. 20-23.

COMFORT, Alex, « Aging real and imaginary » dans *The new old: Struggling for Decent Aging*, Ronald Gross, Beatrice Bross et Sylvia Seidman, Garden City, New York, Anchor Books, 1978, p. 77-88.

CONSEIL CANADIEN DE DÉVELOPPEMENT SOCIAL, *Plus qu'un gîte. Étude des logements financés par la LNH pour personnes âgées*, Conseil canadien de développement social, Ottawa, 1973.

CONSEIL DES AFFAIRES SOCIALES ET DE LA FAMILLE, *Médicaments ou potions magiques*, ministère des Affaires sociales, Québec, 1982.

CONSEIL DU STATUT DE LA FEMME, *Essai sur la santé des femmes*, Gouvernement du Québec, Québec, 1981.

CUMMING, Elaine et HENRY, William, *Growing Old*, New York, Basic Books, 1961.

de BEAUVOIR, Simone, *La Vieillesse*, Paris, Gallimard, 1970.

DENTON, Frank T. et SPENCER, Byron G., « Canada's population and labour force » dans *Aging in Canada*, Victor W. Marshall, Ontario, Fitzhenry et Whiteside Limited, 1980, p. 10-26.

DESJARDINS, Bertrand et LÉGARÉ, Jacques, « Le vieillissement de la population du Québec, faits, causes et conséquences », *Critère*, n° 16, hiver 1977, p. 143-169.

DULUDE, Louise, *Vieillir au féminin*, Conseil consultatif canadien de la situation de la femme, Ottawa, 1978.

DULUDE, Louise, « Vieillesse, monde de femme », *Santé mentale au Québec*, 5, nov. 1980, p. 33-40.

DULUDE, Louise, *Les Femmes et la réforme des régimes de pensions*, Conseil consultatif canadien de la situation de la femme, Ottawa, 1981.

GOUVERNEMENT DU CANADA, *Nutrition Canada : enquête nationale*, ministère de la Santé et du bien-être social, Ottawa, 1973.

GOUVERNEMENT DU CANADA, *La Santé des Canadiens, Rapport de l'enquête santé Canada,* ministère des Approvisionnements et services Canada. Ottawa, 1981.

GOUVERNEMENT DU QUÉBEC, *Le Ministère des Affaires sociales et les personnes âgées* (document de travail), Direction générale de la planification, Québec, 1977.

GOUVERNEMENT DU QUÉBEC, *Pour mieux vieillir au Québec*, ministère des Affaires sociales, 1980.

GROSS, Stanley J., « The holistic Health Movement », *The Personal and Guidance Journal*, 59, Oct. 1980, p. 96-100.

GUILLEMARD, Anne-Marie et LENOIR, R., *Retraite et échange social*, Paris, C.E.M.S., 1974.

HAIN, Mary Jeanne et CHEN, Shu-Pé C., « Health Needs of the Elderly », *Nursing Research*, 25, Nov.-Dec. 1976, p. 433-439.

HARRIS, Louis et ASSOCIATES INC., « Myths and realities of life for Older Americans », dans *The New Old: Struggling for Decent Aging*, Ronald Gross, Beatrice Gross et Sylvia Seidman, Garden City, New York, Anchor Books, 1978, p. 90-119.

HAVENS, Betty, « Differentiation of unmet needs using analysis by age, sex cohorts » dans *Aging in Canada*, Victor Marshall, Ontario, Fitzhenry, 1980, p. 215-221.

INSTITUT VANIER DE LA FAMILLE, *La Santé par et pour les gens dans les années 80*, Ottawa, Institut Vanier de la famille, 1980.

ISAACS, Bernard et NEUVILLE, Yvonne, « The needs of old people », *British Journal Preventive Social Medicine*, 30, June 1976, p. 79-85.

JOBIN, Andrée et PERREAULT, Jean-Claude, « Les services de santé et les personnes âgées », *Carrefour des affaires sociales*, 1, sept. 1979, p. 31-32.

KIVETT, Vira R., « Discriminators of loneliness among the rural elderly: implications for intervention », *Gerontologist*, 19, Feb. 1979, p. 108-115.

KLINE, C., « The socialization process of women: implication for a theory of successful aging », *Gerontologist*, 15, Dec. 1975, p. 486-492.

LALLY, Maureen, BLACK, Eileen, THORNOCK, Martha et HAWKINS, David J., « Older women in single room occupant (SRO) hotels: a seattle profile », *Gerontologist*, 19, Feb. 1979, p. 67-73.

LEBEAU, Aimé, SICOTTE, Claude, TELQUIN, Charles et TREMBLAY, Lise, « Le concept d'autonomie », *Santé mentale au Québec*, 5 nov. 1980, p. 70-90.

L'ÉCUYER, René, *Le Concept de soi*, Paris, Presses Universitaires de France, 1978.

MARKSON, Elizabeth W. et HERS, Beth B., « Older women in the city », *Signs: Journal of Women in Culture and Society*, 5, Spring 1980, Supp., p. S127-S141.

MARTIN, Yves, « Du traitement de la maladie à la promotion de la santé : les conversions nécessaires », *Critère*, n° 13, juin 1976, p. 19-30.

MATTHEWS, Anne Martin, « Women and widowhood » dans *Aging in Canada*, Victor W. Marshall, Ontario, Fitzhenry and Whiteside, 1980, p. 145-153.

MILLER, Sheila, J., « Will the real 'older woman' please stand up? » dans *Social Problems of the aging*, Mildred M. Seltzer, Sherry L. Corbelt et Robert C. Atchley, California, Wadsworth Publishing Company Inc., 1978, p.287-295.

MURPHY, Judith et FLORIO, Carol, « Older americans: facts and potential », dans *The New Old: Struggling for Decent Aging*, Ronald Gross, Beatrice Gross et Sylvia Seidman, New York, Anchor Books, 1978, p. 50-57.

MUTRAN, Élizabeth et BURKE, Peter J., « Personalism as a component of old age identity », *Research on Aging*, 1, March 1979, p. 37-63.

MYLES, John F., « Institutionalization and sick role identification among the Elderly », *American Sociological Review*, 43, Aug. 1978, p. 508-521.

PAMPALON, Robert, *Environnement et santé. Éléments d'une problématique québécoise*, ministère des Affaires sociales, Projet environnement-santé, Québec, 1980.

PHILLIS, Frank, « A survey of health needs of older adults in northwest Johnson Country, Iowa », *Nursing Research*, 21, Nov.-Dec. 1979, p. 360-364.

POSNER, Judith, « Old and female: The double whammy » dans *Aging in Canada*, Victor W. Marshall, Ontario, Fitzhenry and Whiteside Limited, 1980, p. 80-87.

PRESCOTT, L.F., « La néphropathie aux antalgiques en Grande Bretagne : un problème toujours actuel », *Thérapie*, 29, 1974, p. 547-552.

RAPPORT DU GROUPE DE TRAVAIL « PROSPECTIVE PERSONNES ÂGÉES », *Vieillir demain*, Paris, La Documentation française, 1980.

RAVINEL, Hubert, *L'Âge démasqué*, Montréal, Éditions Quinze, 1979.

ROSOW, I., « The social context of the aging self », *Gerontologist*, 13, Spring 1973, p.82-87.

SHANAS, Ethel, « Health status of older people: cross-national implications », *American Journal of Public Health*, 64, March 1974, p. 261-264.

SOMMERS, Tish, « The compounding impact of age on sex », dans *The New Old: Struggling for Decent Aging*, Ronald Gross, Beatrice Gross et Sylvia Seidman, Garden City, New York, Anchor Books, p. 123-136.

SONTAG, Susan, « The double standard of Aging », *Saturday Review of the society*, 55, Sept. 1972, p. 29-38.

TURNER, Barbara F., « The self concepts of older women », *Research on Aging*, Dec. 1979, p. 464-480.

UHLENBERG, Peter, « Older women: the growing challenge to design constructive roles », *Gerontologist*, 19, June 1979, p. 236-241.

VILLENEUVE, Paul, Y., GOUIN, Gilles, PERROTTE, Roland, KIROUAC, René et POTVIN, Denis, *Indicateurs sociaux pour la population âgée de Québec : schéma conceptuel*, document n° 5, ministère des Affaires sociales, 1978.

VINCENTE, Leticia, WILEY, James A. et CARRINGTON, Allen R., « The risk of institutionalization before death », *Gerontologist*, 19, Aug. 1979, p. 361-367.

Femmes, santé, notre pouvoir

Louise Vandelac *

> Être c'est ne jamais cesser de naître. Mais combien d'entre nous se laissent mourir un peu chaque jour, s'intégrant si bien aux structures de la vie contemporaine qu'ils perdent leur vie en se perdant de vue ? [...]
>
> Si nous revendiquons tant la liberté c'est que nous nous sentons esclaves [...]. Mais comment en serait-il autrement puisque nous ne sommes même pas maîtres de notre première maison, de la maison de notre corps ?
>
> Thérèse Bertherat,
Le Corps a ses raisons [1], Seuil, 1976, p. 10-11.

C'est sorti comme un cri du coeur : « Ce colloque aurait dû s'intituler Femmes, santé, notre pouvoir ! » Nous étions plus de 1000 femmes à ce colloque et j'étais confuse, émue, profondément touchée. Dix ans auparavant un tel événement aurait été impensable.

À l'époque une poignée de femmes tenaient à bout de bras le service clandestin de référence pour l'avortement ; au FLF d'abord, puis au Centre des femmes et au Comité de lutte [2]. Mais si l'avortement

---

* Enseignante en sociologie, UQAM

[1] Cet extrait tient un peu du détournement... et il ne porte pas spécifiquement sur les femmes.

[2] Pour retrouver les jalons de cette histoire, voir Québécoises debouttes !, une anthologie de textes, préfacée par Véronique O'Leary et Louise Toupin, Éd. du remue-ménage, 1982, ainsi que l'Histoire du mouvement des femmes au Québec de Susanne Chartrand et al., Éd. du CFP, 1980.

était une réalité crue et douloureuse impossible à taire, la santé des femmes, elle, demeurait un concept abstrait. Si bien qu'au moment où nous avons créé le Centre de santé des femmes du quartier en 1975, nous étions relativement isolées et marginales[3]. Bon nombre de gens admettaient alors que la santé était une affaire de classe, tant au niveau des conditions de vie et de travail que des soins prodigués, mais ils refusaient de voir que c'était aussi, et de façon plus profonde encore...une affaire de sexe.

Pourtant, le mouvement de santé féministe américain était déjà solidement implanté et, en 1975, on comptait environ 1200 groupes et 10 000 femmes s'identifiant à ce mouvement de santé des femmes. Il y avait aussi des publications nationales mais internes au mouvement, comme *The Monthly Extract* et *Health Right*, et des best sellers comme *Our Bodies, Ourselves* ; ou encore les enquêtes de Barbara Seaman sur les risques de la contraception orale[4], ou celles de Kay Weiss sur les dangers du DES, alors utilisé dans la pilule du lendemain[5]. Le mouvement prenait aussi de l'ampleur à l'étranger, et plus de 400 femmes d'Europe et d'Amérique du nord assistaient à la première rencontre internationale des centres de santé pour les femmes, tenue à Rome en juin 1977[6].

L'influence de ces mouvements, mais peut-être surtout la colère sourde et si longtemps retenue des femmes d'ici face au mépris et au pouvoir paternaliste et abusif des médecins, a entraîné depuis cette époque une critique de la médecine et une pratique alternative sans précédent. Il y a maintenant cinq centres de santé pour les femmes au Québec, un imposant mouvement de « féminisation[7] » de la naissance, et de nouvelles approches féministes en santé mentale, sans parler du travail continu sur la contraception et l'avortement.

---

[3] Parmi les principales militantes qui ont mis sur pied ce premier centre de santé des femmes en milieu francophone, mentionnons Luce Harnois, Lise Lapierre, France Dandurand, Ginette Fortier et Louise Vandelac.

[4] Barbara et Gideon Seaman, *Women and the Crisis in the Sex Hormones*, Bantam Books, New York, 1977, 621 pages. Ce livre vient d'être traduit en français sous le titre *Dossier hormones,* Éd. de l'Impatient, Paris, 1982, 551 pages.

[5] Informations tirées de l'article « Toward Socialist Medecine : The Women's Health Movement », de Helen I. Marieskind et Barbara Ehrenreich in *Social Policy,* sept.- oct. 1975.

[6] Le vidéo *À notre santé* réalisé par Dominique Barbier, Josiane Jouet et Louise Vandelac relate cet événement.

[7] Ce terme me semble décidément plus juste que celui d'humanisation de la naissance...

Renouant, sans le savoir d'ailleurs, avec l'imposant mouvement thomsonnien de santé populaire et les premiers groupes d'auto-santé féministes américains des années 1830-1840 [8], cette pratique féministe de la santé s'oppose à la conception médicale du corps-machine et à la dépendance médicale entretenue par l'ignorance et la peur. On y développe donc une pratique collective où on apprend à regarder, toucher, connaître nos corps et nos sexes interdits à nous-mêmes et aux autres femmes depuis l'enfance [9]. On essaie aussi de comprendre comment nos désirs, nos amours et nos luttes quotidiennes pour briser l'enfermement des stéréotypes et lutter contre les bêtises de la ségrégation, bref comment notre mal de vivre marque nos corps. On apprend ainsi, tant au niveau de la gynécologie, que de la santé mentale, à écouter nos corps-parole, puisque dans ce monde masculin hallucinant où nous sommes expropriées du langage à la naissance même des mots [10], la maladie constitue souvent le geste de rébellion le plus viscéral et la première parole...

Bref, ce matin là, j'étais bouleversée de voir la portée du travail amorcé en si peu d'années et ça me faisait chaud au coeur.

Pourtant, je regrettais d'avoir accepté de faire cette conférence sur la santé des femmes et le pouvoir, et j'avoue que... je ne me sentais ni en santé, ni en position de pouvoir... Complètement épuisée et hébétée d'avoir égaré au dernier moment la moitié des fiches de la conférence, j'étais déchirée par toutes les contradictions des rapports des femmes à la santé et au pouvoir. Translucides, les mots sortaient tout droit de ce vécu qu'on aimerait tant réussir à taire parfois. Ainsi, non seulement je parlais de la double journée de travail et de la schyzophrénie obligée de nos slaloms quotidiens entre valeurs et modèles contradictoires, mais j'étais l'incarnation vivante de la folie des triples journées au slalom incessant, quand l'épuisement nous fait prendre une fouille mémorable...

---

[8] Voir *Des experts et des femmes* de Barbara Ehrenreich et Deirdre English, Éd. du remue-ménage, 1982, 347 pages.

[9] Cette pratique d'auto-examen largement pratiquée dans le mouvement de santé des femmes étonne souvent, alors que le plus étonnant peut-être c'est de connaître si peu et si mal notre propre corps...

[10] Ce n'est pas un hasard si depuis quelques années un vaste travail de critique épistémologique a été entrepris, en sciences sociales surtout, et si la littérature féministe a tant cherché à innover, non seulement au niveau du discours mais du vocabulaire même. Voir entre autres la défunte revue *Sorcières,* Éd. Stock ou encore Mary Daly, *Notes pour une ontologie du féminisme radical,* L'intégrale éditrice, Montréal 1982, ou encore *Les Agénésies du vieux monde* de Louky Bersianik chez la même éditrice.

J'étais évidemment gênée de cette improvisation forcée, un peu confuse et engluée, triste pour toutes celles qui avaient tant investi, mais bizarrement, peut-être par refus inconscient du pouvoir ou par désir d'une autre complicité, j'étais presque soulagée... Comme si ces mots qui s'avalaient et s'embourbaient faisaient sentir ce « mal-à-dire » de femme face à la santé et au pouvoir...

« Mal-à-dire » d'abord, parce qu'à chaque fois ça évoque trop de douleurs ...Comment penser à la santé des femmes sans avoir le coeur serré pour les 77 millions, oui 77 millions de femmes excisées et mutilées au nom de la culture [11] ? Comment ne pas rager contre la douleur blanche, aseptisée et inutile des ravages du DES et de tant de stérilets-stérilisants, ou encore contre l'assomoir du valium et les épisiotomies et hystérectomies injustifiées. Et le plus déroutant, peut-être, c'est d'avoir l'impression que ces cris, ces pleurs, sont complètement noyés et neutralisés par le langage froid des statistiques. Si bien que, comble de cynisme, on en arrive même à utiliser le corps des femmes comme vaste champ d'expérimentation. Ainsi, c'est d'après le taux de mortalité et de problèmes graves qu'on réduira progressivement le taux d'oestrogène des contraceptifs oraux, dix fois plus important que nécessaire, à l'origine. C'est aussi par les jeux de la statistique qu'on a évalué, depuis des années, auprès de 10 millions de femmes, la gravité des nausées et des problèmes secondaires associés à l'injection contraceptive Depoprovera, interdite aux USA à cause des risques de cancer. Comment, dans de tels cas, rester impassibles devant ces grands médecins-manitous qui, dans les congrès médicaux, se gargarisent de statistiques qu'on a si chèrement payées à même notre peau... Comme si on avait des gueules de statistiques !!! En fait, jamais comme avec la contraception dure, on n'aura assisté à des expériences pharmaceutiques de masse d'une telle désinvolture !

Mais mon mal-à-dire, ce matin-là, c'était aussi l'impossibilité de parler, sur la base d'une pratique concrète et collective, des méfaits quotidiens du sexisme médical ou encore des recherches et nouvelles pratiques féministes. Je travaillais alors sur un sujet plus méprisé et beaucoup plus invisible que la santé des femmes, à savoir la production domestique [12], et je ne voulais pas remâcher les articles déjà

---

[11] Voir l'*Enterrée vivante* de Renée Saurel, Éd. Slatkine, Genève, Paris 1981, 310 pages.

[12] Rapport de recherche sur la production domestique (travail domestique, sexualité, procréation) pour le Conseil du statut de la femme.

publiés. Impossible donc de faire une « conférence-miroir », ponctuée d'anecdotes, où toutes les femmes se reconnaîtraient...

Enfin, dans la mesure où depuis la publication de l'*Essai sur la santé des femmes* [13], le tableau détaillé des rapports des femmes à la santé commençait à être largement connu, il m'apparaissait plus urgent de tenter de comprendre les intérêts et les mécanismes profonds du contrôle patriarcal sur le corps des femmes plutôt que de m'attarder à nouveau au rôle qu'y joue le pouvoir médical. D'autant plus que, malgré leur caractère subversif, nos luttes sont souvent avalées, détournées et toujours en retard d'un train par rapport aux avancées scientifiques et aux nouveaux enjeux qui se dessinent. Comment ne pas être perplexes, par exemple, devant ce vaste mouvement de réappropriation de la maternité centré essentiellement sur le vécu de la grossesse et de l'accouchement, mais encore muet face aux procès d'appropriation marchande et scientifique de la procréation, à travers les ventes de grossesses et les sciences de la reproduction [14] : véritables questions de civilisation...

Comment ne pas souligner aussi les difficultés à être critiques face à nos propres luttes ? Il a fallu que des milliers de femmes abandonnent spontanément, intuitivement, et souvent sans trop le dire, la contraception dure, pour qu'on ose enfin en parler ouvertement. Pourtant, le problème clé ce n'est pas notre cycle de fertilité, mais bien le fait qu'on l'ignore. C'est surtout le fait qu'on ait réduit pendant des siècles la sexualité à la pénétration-éjaculation, niant du coup les autres formes de jouissance. Or, plutôt que de remettre en question le contrôle économique et politique des hommes sur le corps des femmes et la réduction de la sexualité à leur génitalité, on en assure maintenant l'impérialisme en tout temps et supposément sans risques [15]. Cette « libération » de la contraception dure consiste donc à enrayer nos cycles de fertilité, mais de façon invisible, pour ne pas les faire débander, payant ainsi souvent fort cher, en douleurs et en

[13] *Essai sur la santé des femmes,* de Francine Saillant et Maria de Konink, Conseil du statut de la femme, Gouvernement du Québec, 1981, 320 pages, suivi de *Réflexions sur la sexualité* de Lise Dunnigan, 30 pages.
[14] Voir à ce propos « La science de la reproduction-solution finale ? » de Jalna Hanmer et Pat Allen, in *Questions féministes,* n° 5, février 1979.
[15] Voir « Viens mon amour... c'est pas dangereux » ou « Les revers de la contraception » in *Le Temps fou,* avril 1981, p. 30-35.

argent, pour être constamment disponibles à « leur » sexualité [16], ce qui prétendument libère la nôtre...

Bref, le caractère souvent myope et paradoxal de nos luttes m'incitait à explorer les rapports femmes-santé-pouvoir en essayant de dégager certains des enjeux et mécanismes du contrôle patriarcal et médical sur le corps des femmes. Du même coup je me demandais dans quelle mesure certains de nos objectifs de lutte ne s'inscrivaient pas eux-mêmes dans le discours patriarcal sur les femmes, se piégeant ainsi dès le départ. Évidemment, cela comportait des risques de débordements théoriques brumeux, bref, c'était une position plutôt inconfortable...

De la propriété du corps au corps de la propriété : le pouvoir !

En fait, on pourrait aussi bien dire que le pouvoir sur le corps constitue le corps même du pouvoir, ce qui n'est pas équivalent mais assez complémentaire. Nous sommes bien placées pour le savoir. Échangées depuis des millénaires entre les hommes [17], vendues contre des vaches ou « données » en mariage, nous savons du plus profond de notre histoire à quel point nos corps, nos sexes, notre force de travail et de procréation ont été appropriés. Contraintes dans nos mouvements, du voile au talon aiguille ; limitées dans notre espace et notre temps sous peine d'agression et de viol ; modelées, amincies, grossies ou refaites pour les canons de la mode ; l'oeil au noir pour la séduction ou par la douleur des coups [18], notre corps et nos gestes sont constamment en liberté surveillée. Dans « ce cercle vicieux qu'on caresse », pères, amants, maris, médecins, curés et experts en tous genres [19] essaient sans cesse de nous faire et refaire à l'image de leurs désirs et fantasmes, aux noms les plus divers et contradictoires d'amour, de liberté sexuelle, de morale, de santé ou d'épanouissement... Nos

---

[16] Il s'agit évidemment d'un « leur » et peut-être aussi d'un leurre tout culturel... C'est ce que laissent croire certaines données du *Rapport Hite* sur les hommes. Voir en outre « Contraception autoroute pour sexualité bolide » in *Le Temps fou,* février 1981, p. 35-40.

[17] C'est même ce qui, selon Levy Strauss constitue la possibilité d'émergence de la culture... Voir la brève critique de Luce Iriguaray à ce propos dans *Ce sexe qui n'en est pas un*, Éd. de minuit, 1977, 220 pages.

[18] Est-il besoin de rappeler qu'on estime qu'il y a 10 % de femmes battues au Canada ?

[19] *Cf* note 8.

enfants font partie de leur lignée et jusqu'à récemment portaient leur seul nom ; nos grossesses et accouchements sont presque devenus les leurs au nom de la médecine, de la liberté de l'enfant pour Leboyer ou encore de celle des femmes pour le Dr. Odent [20]. Quant à nos rapports aux enfants, ils sont complètement filtrés et médiatisés par les conseils opposés des pédiatres, psychologues et médecins jouant sans cesse sur nos culpabilités de « mères poules » ou de « mauvaises mères ».

Pas étonnant donc qu'on ait si souvent l'impression profonde et confuse de ne pas s'appartenir. Comme si on était toujours là par et pour les autres, entièrement disponibles. Ce qui est particulièrement vrai pour les mères de famille, dont le temps, les gestes, sont constamment accaparés, sans autres limites que celles du refus, de la colère... et de la culpabilité... Ce qui est particulièrement vrai aussi dans nos rapports à l'institution médicale face à laquelle nous nous sentons si souvent infantilisées, méprisées, niées et impuissantes : d'où nos luttes farouches pour s'approprier le savoir, décider de nos maternités, se réapproprier nos sexes et nos corps, bref, « se reprendre la vie », comme disent les Italiennes [21].

Parler de santé des femmes, c'est donc parler de pouvoir sur le corps : pouvoir sur son espace, son temps et sa mobilité ; pouvoir sur sa force de procréation et sa force de travail domestique et salariée. Or, ce pouvoir s'appuie sur la propriété, sur cette notion même de propriété privée, si chère à l'idéologie libérale et si marquante dans l'émergence du capitalisme

En effet, on constate que, dès 1960, avec l'économiste Locke,« l'édifice entier de la propriété privée s'appuie sur ce point originaire : la possession par l'individu de son propre corps [22] ». Si bien que « le fait que l'homme soit propriétaire de son corps va devenir un axiome du droit, et (que) c'est peu à peu sur lui que vont se fonder les justifications de la propriété en général. [...] Ainsi, celui qui est maître de son corps est maître du travail qu'il fournit avec ce corps, donc des produits de ce travail, donc de ceux qu'il ne con-

[20] À la maternité de Phittiviers en France, des femmes peuvent simplement choisir d'accoucher à leur rythme et dans la position de leur choix. Paradoxalement, c'est presque devenu la méthode du médecin qui a permis cette relative démédicalisation...

[21] *L'Italie au féminisme*, ouvrage collectif sous la direction de Louise Vandelac, Éd. Tierce, Paris, 1978, 250 pages.

[22] « Nature, Culture, Histoire » de Pierre-François Moreau in *Les idéologies,* sous la direction de François Châtelet et Gérard Mairet, tome 3, coll. Marabout Université, Hachette, Paris 1978, p. 36-37.

somme pas immédiatement, donc de ce qu'il se procure avec cette épargne, etc. [23] ».

À première vue cette citation peut nous sembler banale, voire presque tautologique. Pourtant, deux faits sont à souligner : d'abord le contexte et les raisons possibles de l'émergence de ce concept et ensuite le glissement de sens entre propriétaire et maître du corps, autrement dit, entre propriété et maîtrise.

À la fin du 17e siècle, moment où s'élabore ce concept, le servage subsiste encore, l'esclavage dans les colonies est monnaie courante et les femmes sont données en mariage sans leur avis pour des jeux d'alliance politique ou de fortune, ou soumises au droit de cuissage dans les campagnes.

Cette supposée évidence de la propriété du corps s'élabore donc sur sa négation, sur son envers, à savoir l'appropriation du corps des esclaves et des femmes, et elle est peut-être aussi liée à la transition entre servage et vente de la force de travail. On peut en effet se demander pourquoi et comment on aurait pu penser à la propriété du corps, évidence qui en fait n'avait pas à être théorisée, si ce n'est à la lumière de l'appropriation du corps des autres. Celui des esclaves dont on s'accapare allègrement le travail, puisqu'ils ne sont pas maîtres de leur corps, l'esclavagisme se distinguant par l'appropriation complète de l'individu dans son intégrité [24]. Celui des femmes, dont on s'approprie, via le mariage, l'exclusivité sexuelle, la force de procréation, la progéniture marquée du nom du père, ainsi qu'une partie ou la totalité de la force de travail domestique et marchande selon les classes sociales.

On peut croire aussi que l'émergence de ce concept permettait de mieux justifier le passage historique à la vente de la force de travail, nouveau rapport social impliquant théoriquement que le prolétaire est maître de son corps et par conséquent de sa force de travail pour pouvoir la vendre « librement ».

Cela nous amène à interroger les termes « maîtres du corps », non plus dans le sens de propriétaire, mais bien sous l'angle de maîtrise du corps. Or, l'importance accordée à cette maîtrise du corps n'est-elle pas liée au siècle des Lumières et à la montée du rationalisme ? En effet, la maîtrise du corps ne signifie-t-elle pas domination et volonté de contrôle de la pensée sur le corps, avec la hiérarchisa-

---

[23] *Ibid.*

[24] Il est en ce sens significatif de rappeler que des générations d'esclaves déportés d'Europe du nord vers les pays arabes du 6e au 14e siècle, environ, étaient souvent castrées.

tion que cela implique entre les parties nobles du corps, à savoir la tête, et les parties basses du corps, considérées comme vulgaires, voire impures. Or, si nous nous reportons au 17e-18e et même au 19e siècle, c'est la capacité même de penser qui est alors niée aux femmes [25]! Comment alors pourraient-elles « maîtriser » leur corps?

En outre, la maîtrise du corps n'implique-t-elle pas implicitement non seulement une coupure entre le corps et l'esprit, mais aussi entre le corps (et notamment la force de travail) et la force de procréation?

En effet, comment parler de maîtrise du corps quand son énergie vitale risque soudain d'être largement accaparée par une grossesse, un accouchement et les soins à cet enfant? Comment même penser cette maîtrise, à une époque où on ignorait largement le processus scientifique de la procréation [26], qui était encore associé à un phéno mène de nature. Alors qu'il leur était juridiquement impossible de maîtriser leurs rapports avec les hommes, n'ayant souvent ni le choix du mariage, ni le choix du conjoint, risquant la répression politique et religieuse si elles tentaient de se contracepter ou d'avorter, ces femmes auraient-elles même pu concevoir ce concept de maîtrise du corps?

Au même titre que les paroles ont besoin du silence pour naître, les concepts de propriété du corps et de maîtrise du corps pouvaient-ils s'élaborer ailleurs et autrement que sur l'envers de cette réalité, à savoir l'appropriation des femmes et l'esclavage? En même temps, cela ne permettait-il pas d'exclure femmes et esclaves de ce nouvel ordre social en gestation, les renvoyant dans l'antériorité même de son élaboration puisqu'à titre différent, non propriétaires et non maîtres de leur corps, ils étaient exclus d'office des fondements mêmes de la nouvelle société?

« La propriété c'est le vol »

Évidemment, l'appropriation des femmes [27] remonte bien avant l'émergence du concept de propriété privée. Toutefois, les formes de

---

[25] Qu'on se rappelle tous les débats sur la petitesse du cerveau des femmes, et la faiblesse de leur intelligence...

[26] Voir *Mythes de la procréation à l'âge baroque* de Pierre Darmon, Éd. du Seuil, Paris, 1977.

[27] Ce concept d'appropriation des femmes, ainsi que le rapport idée de nature et appropriation des femmes, ont été développés par Colette Guillaumin dans *Questions Féministes,* n° 2 et 3, fév. et mai 1978, Éd. Tierce, Paris.

cette appropriation, ainsi que leur envers, à savoir les luttes pour se réapproprier nos corps, seront profondément marquées par cette double coupure corps-esprit et corps-procréation, implicite à ce concept de propriété privée.

Ainsi, toute une partie de l'argument de « nature », selon lequel il y aurait une « nature féminine », des activités « naturellement féminines », bref, selon lequel des déterminismes biologiques expliqueraient l'infériorisation sociale des femmes, s'appuie sur cette non-coupure corps-procréation chez les femmes conduisant supposément à une non-coupure corps-esprit. Dans toute la littérature sur ce sujet on est en effet impressionné par les nombreux glissements de sens entre procréation-nature, corps-féminin-nature et femme-nature, comme si le caractère dit « naturel » de la procréation, c'est-à-dire non entièrement maîtrisé par l'homme-masculin [28], englobait aussi entièrement les femmes, les réduisant à l'état de nature... état appropriable par excellence [29]. Que les femmes soient entraînées par les forces « sauvages » de leur nature dans une sexualité débridée (sic) et des grossesses inconsidérées, constitue d'ailleurs la preuve même qu'elles ne contrôlent pas leur corps ! Quoi de mieux, alors, que les hommes-masculins qui se contrôlent, contrôlent aussi le corps des femmes ?

Autrement dit, n'est-il pas logique que ceux qui ont défini des critères de propriété qui leur sont exclusifs, soit parce qu'ils interdisent aux autres d'y accéder, soit qu'ils leur sont spécifiques, utilisent ces mêmes critères pour s'approprier les corps de ceux et celles qui ne remplissent pas ces critères ?

Voici donc de façon extrêmement sommaire, le genre de subterfuge idéologique qui sert de toile de fond à nos luttes actuelles pour la réappropriation du corps... Pas très glorieux, avouons-le, de mener des luttes avec 300 ans de retard pour avoir enfin véritablement droit de chapitre dans la pensée libérale et l'économie capitaliste ! Assez scandaleux, par ailleurs, qu'à l'aube de l'an 2 000 plus de la moitié

---

[28] Étant donné la confusion constante et lourde de sens entre l'homme-mixte qui inclue aussi les femmes et l'homme masculin, optons pour la précision. Voir à ce propos « Woman the Gatherer : Male Bias in Anthropology » de Sally Slocum, in *Toward an Anthropology of Women,* Éd. Rayna R. Reiter, Monthly Review Press, New York, 1975.

[29] « Et si le travail tombait enceinte ? ? ? » essai féministe sur le concept travail, de Louise Vandelac, in *Sociologie et sociétés,* vol. XIII, n° 2, oct. 1981.

de la population du globe ait encore à se battre pour cette pseudo-évidence que chacun est maître et propriétaire de son corps !

En fait, c'est depuis des siècles que les femmes tentent de se réapproprier, morceaux par morceaux, ce droit de propriété sur leur corps. L'une des batailles majeures, c'est sûrement celle de la réappropriation de la force de travail. En effet, dans la mesure où les femmes fournissent les deux-tiers des heures de travail dans le monde et reçoivent 10 % des revenus [30], il est évident que les enjeux du contrôle de la force de travail des femmes dépassent largement ceux des conflits de frontière, des ressources énergétiques et souvent même des classes sociales...

Depuis les débuts du capitalisme, les femmes se battent donc à la fois pour s'approprier leur force de travail et à la fois pour en négocier un prix équivalent au prix de celle des hommes, mais pour cela il faut d'abord qu'elles disposent librement de leur corps. Ainsi, dans certaines sociétés, elles échappent maintenant à l'emprise du père et du mari [31] et jouissent de la possibilité de vendre leur force de travail. Depuis quelques décennies, les femmes mariées peuvent aussi toucher leur salaire en mains propres, ce qui ne leur a été reconnu qu'en 1907 en France [32], et qu'en 1933 au Québec !

Évidemment, par rapport au travailleur mâle qui sert d'étalon, la propriété de la force de travail des femmes est beaucoup plus relative, puisqu'elle reste généralement soumise aux aléas de leur force de reproduction [33] et aux contraintes de leur force de travail domestique... C'est d'ailleurs l'alibi des patrons pour considérer que les femmes sont des « travailleurs » de seconde zone, ce qui justifie prétendûment leurs ghettos d'emploi, leurs bas salaires et leurs difficultés de promotion.

Quant à leur force de travail domestique, elle est encore largement appropriée à travers le contrat de mariage et l'inflation du discours amoureux, si bien que ce travail est sans limites de temps, sans vacances, ni congés ; sans salaire ni bénéfices marginaux, toutes les conditions étant relatives à la fortune et au bon vouloir du mari, ainsi

---

[30] Deuxième conférence mondiale de la décennie des Nations Unies pour les femmes. Déclaration de Lucille M. Mair, secrétaire générale de la conférence, Copenhague, août 1980.

[31] Mais encore maintenant, certaines femmes doivent avoir la permission de leur mari pour aller travailler...

[32] *Les ouvrières* de Danièle Kergoat, Éd. Le sycomore, Paris, 1982, p. 22.

[33] Cela est maintenant beaucoup plus relatif au Québec puisqu'une femme sur deux est stérilisée à l'âge de 40 ans...

qu'à la qualité de la relation. Dans le cas du mariage, c'était en outre, jusqu'à l'été dernier, la sexualité même des femmes qui était appropriée *d'office* puisque le viol conjugal n'était pas encore reconnu !

Or, dans la mesure où ce travail domestique représente des sommes astronomiques, équivalant du 1/3 aux 3/4 du produit intérieur brut, c'est-à-dire de l'ensemble des richesses produites par une nation [34], et qu'en outre l'écart de salaires hommes-femmes sert éventuellement à maintenir cette structure d'extorsion de travail domestique non rémunéré, il est évident que les enjeux de cette bataille sont énormes, et que cette lutte de réappropriation est l'une des plus complexes. En ce sens, il serait intéressant d'analyser la pratique médicale et psychiatrique à l'égard des ménagères sous l'angle du contrôle idéologique et de l'intériorisation, au niveau même du corps, de tout le discours social sur la grandeur et la beauté de leur disponibilité...

Mais en fait, quand on parle de réappropriation du corps depuis la fin des années 1960, on fait surtout référence aux luttes sur la contraception, l'avortement et la santé des femmes. Or, ce n'est pas un hasard si ce terme de réappropriation du corps est apparu au même moment que la diffusion massive de la contraception orale, permettant massivement d'opérer sur demande et de façon quasi-certaine, cette coupure entre force de travail et force de procréation et entre « sexualité » [35] et procréation...

S'étant réapproprié la moitié de la partie salariée de notre force de travail, ayant intégré les valeurs du rationalisme et s'étant conformé à la hiérarchie de l'esprit sur le corps, il ne restait plus, en effet, qu'à s'assimiler un peu plus au modèle masculin par techniques contraceptives interposées, en espérant, inconsciemment peut-être, remplir ainsi leurs critères de propriété du corps...

Évidemment la réalité n'a pas suivi ces espérances et nous nous battons encore pour nous « approprier » notre fertilité exigeant, entre autres, des choix véritables face à la contraception et à l'avortement.

Même si nous avons réalisé certains acquis au cours des dernières années, n'est-il pas paradoxal de lutter contre l'appropriation patriarcale de nos corps, tout en intériorisant les prémisses de leur propre discours sur la propriété, et tout en nous assimilant au modèle

---

[34] « Peut-on mesurer le travail domestique » de Ann Chadeau et Annie Fouquet, in *Économie et Statistiques,* n° 136, INSEE, Paris, 1981.

[35] Il s'agit évidemment de la vision réductrice de l'hétérosexualité réduite à la pénétration-éjaculation...

masculin plutôt que de remettre en question les paradigmes de leur discours ?

Si la question est angoissante, c'est que la valorisation de la coupure masculine entre corps et procréation [36], que nous avons partiellement faite nôtre entre « sexualité » et procréation [37], ouvre actuellement des brèches importantes à la pénétration de la logique marchande dans tout le processus de grossesse. Ainsi, le fait de vendre sa force de procréation, permettant ainsi à un homme [38] d'acheter littéralement « son » enfant, puisqu'il s'agit de son sperme, risque d'introduire des bouleversements plus profonds encore entre les classes de sexes, que les débuts de la vente de la force de travail ne l'ont fait entre les classes sociales...

En fait, on risque gros à continuer de se laisser piéger ainsi dans des discours conçus sur la base même de notre élimination, et si on veut vraiment se réapproprier nos corps, il faut non seulement remettre en question les prémisses même du concept de propriété mais arriver à en imposer une formulation qui nous soit propre. En outre, il serait urgent d'analyser plus à fond les enjeux du « salaire à l'enfantement » [39] et surtout des recherches actuelles au niveau des sciences de la reproduction (prédétermination du sexe, fécondation in vitro, placenta artificiel, etc.).

D'ici quelques années, c'est là que risque de se jouer une bonne partie du pouvoir des femmes face à la santé...

---

[36] Coupure, dans la mesure où, jusqu'à présent, les hommes ignorent s'ils sont vraiment pères et qu'en ce sens ils n'ont jamais d'assurance absolue de la portée de leur geste procréateur, et qu'en outre, ils n'en portent pas le poids au niveau de la maternité.

[37] La contraception dure permettait en effet cette libération sexuelle fort valorisée qui était peut-être davantage les débuts de la libération de la force de procréation... Il y a d'ailleurs peut-être autant de paradoxes dans cette forme de libération que dans celle de la force de travail ?

[38] Ce ne sont, en effet, que les hommes qui, porteurs d'un certain capital génétique, peuvent « acheter *leur* » enfant...

[39] Ce qu'on appelle hypocritement les mères d'emprunt.

« Les femmes ne sont pas nées pour se soumettre [1] »

La dimension politique de la santé mentale des femmes

Nicole Lacelle *

La dimension politique des « problèmes » des femmes est la même que la dimension politique de la santé mentale. À vrai dire, *c'est* la santé mentale. Dans la mesure où nous devons toutes nous situer dans les rapports de pouvoir si nous voulons conserver notre intégrité.

Être politique, ce n'est pas être en permanence dans un groupe militant ou dans une organisation quelconque. Ça, c'est une question de goût, de disponibilité, de sentiment d'urgence.

C'est plutôt se voir soi-même, telle qu'on est, dans un rapport de forces. C'est une identité intime, avec un sexe, une classe, une race, un âge en conflit avec un autre sexe, d'autres classes, d'autres races, d'autres âges.

Ce n'est pas la recherche du meilleur « soi-même » possible comme on cherche la meilleure auto pour son argent. Vous connaissez le marketing de l'identité mieux que moi et vous savez sûrement mieux que

---

* Agente de recherche à l'ICEA

[1] Prudence Ogino, *L'Avortement, les évêques et les femmes,* Éditions du remue-ménage, 1979.

moi à quelle consommation sans fin il mène quand cette quête ressemble à éplucher un oignon : après chaque pelure, il y en a une autre jusqu'à ce qu'il n'en reste plus. Et on recommence.

Je veux parler de la perception de la réalité, de savoir, de sentir vitalement qu'on a des alliances et qu'on a des adversaires, de la capacité de reconnaître et de respecter les unes et celle de reconnaître et d'affronter les autres.

La dimension politique de la vie des femmes est sûrement la plus difficile à acquérir et à assumer parce qu'elle affirme ce qui est le plus difficile à croire pour une femme : que nous sommes puissantes, et en même temps, que nous ne sommes pas toutes-puissantes. Pour la même raison, parce que les deux impliquent qu'il faut se battre et nous avons horreur du conflit. C'est la déformation professionnelle par excellence des femmes, mères et épouses consolatrices que de ne pas faire face à notre force, à notre pouvoir potentiel. Et s'il fallait qu'on s'admette que nos problèmes ne sont pas d'abord de notre faute, que nous n'avons pas fait toutes les erreurs du monde entier depuis notre naissance, que même les fois où nous n'avons pas fait d'erreur, nous avons perdu pareil, alors il faudrait trouver les vrais responsables, dans le passé, quand nous étions trop petites, et dans le présent, où la plupart des femmes se sentent davantage devenir trop vieilles que devenir grandes. C'est tellement pratique, se sentir coupable. On n'est plus obligée de négocier ou de se chicaner avec les autres. Se sentir coupable, voir toujours toutes ses erreurs et que les siennes, c'est le contraire du politique. Se sentir coupable, c'est le déguisement préféré de la peur, qui est à son tour la meilleure cachette de l'irresponsabilité. C'est en acceptant ou en entretenant ces sentiments que nous sommes responsables. Mais c'est une chose que de baisser la tête, c'en est une autre que de frapper dessus.

Parce que les vrais responsables existent. Les vrais responsables sont au pouvoir, partout dans le monde, puisque nulle part dans le monde les femmes ne peuvent marcher sur la rue à toute heure du jour ou de la nuit en paix. La dimension politique de nos « problèmes » est là : quoi que nous fassions, en blouse transparente ou en costume de soeur, on nous dérange pareil. Et déranger désigne le meilleur des cas...

Aucun soin, aucune thérapie, aucune éducation n'y changera jamais rien. Seul le pouvoir des femmes y changera quelque chose. Je dis les femmes, mais nous ne sommes pas les seules : les homosexuels, les Noirs, les enfants des Juifs orthodoxes, nos garçons soi-disant efféminés et nos filles tomboys se font tabasser sur la rue. Nous savons que s'ils ne se « laissent pas faire », on les laissera tranquilles. « Laisse-toi pas faire ! » Combien de femmes l'ont dit à leurs enfants, combien de fois ? Combien de femmes réussissent à se le dire à elles-mêmes ?

Dans le monde, les hommes blancs ont leur grosse part du pouvoir, soit parce qu'ils en détiennent les rênes, celles de l'économie et de l'État, soit parce qu'ils n'acceptent pas de transmettre les commandements qui viennent d'en-haut même si ce n'est qu'à leur femme et leurs enfants. Si près du pouvoir de la planète, mais avec si peu de pouvoir elles-mêmes, il n'est pas surprenant que les femmes blanches ou bien « virent complètement folles », ou bien meurent jeunes de cancer ou bien deviennent féministes. Entre parenthèses, il n'y a pas d'hommes féministes : il y a des hommes qui se voient obligés de faire un effort pour ne pas être sexistes. C'est tout.

La tentation est grande pour les femmes blanches de profiter de nos privilèges et de miser sur un sourire du patron et sur notre rôle féminin plutôt que sur nous-mêmes et sur les autres qui sont sans pouvoir comme nous. On le fait trop souvent, en ignorant le regard des femmes pauvres, des femmes noires, des femmes lesbiennes et de ses propres enfants.

La dimension politique des problèmes des femmes, de la santé mentale des femmes, veut aussi dire ne jamais se prendre pour une exception. Celle qui a réussi : des beaux enfants, un bon métier ou un bon salaire, un bon mari, un bon chum ou tout cela à la fois. Quand on croit échapper aux rapports de forces, quand on se pense chanceuse, quand on se pense fière, quand on pense qu'on se plaint pour rien, on est toujours en train de regarder les autres, pires que soi, on ne se regarde pas soi-même. Il n'y a aucune action de changement possible, intérieur ou social, quand on se croit mieux que les autres. Quand on accepte les divisions qui nous sont imposées, quand on regarde les privilèges, ou les chances, que nous avons plutôt que le pouvoir que nous n'avons pas, nous mettons de côté toutes nos possibilités de communication réelle avec les autres, de solidarité et de changement. C'est à partir d'une faiblesse partagée que les femmes peuvent devenir fortes et non par le « laide comme qu'a-l'est avec un chapeau comme qu'a-l'a »...

La dimension politique des problèmes des femmes veut aussi dire refuser que la subjectivité de qui que ce soit représente l'objectivité pour tous. Les Blancs ne savent pas qu'ils sont blancs. On ne savait pas qu'on était de race blanche avant qu'il y ait suffisamment de chauffeurs de taxi haïtiens à Montréal pour nous y faire penser. Les hommes ne savent pas qu'ils sont des hommes : tous les livres d'histoire racontent qu'ils sont « l'humanité », ou l'Homme avec un grand H, ou le Québec, ou la France, ou le Peuple. Pour être dans le portrait et réclamer une part du gâteau, des femmes vont souvent dire qu'elles sont d'abord et avant tout « une personne humaine », un « être humain ». Mais les seuls « êtres humains » sont des hommes, de préférence blancs et d'âge moyen, encore mieux riches. Parce qu'ils sont les seuls à pouvoir choisir entre exercer et ne pas exercer leur pouvoir. Entre ramener ou ne pas ramener leur paie à la maison. Entre rester avec leur femme de 45 ans ou l'échanger contre une neuve de 25. Pour être une « personne humaine », il faut avoir des choix et la très grande majorité des femmes n'en a pas. Est-ce un choix d'être une ménagère à plein temps quand on nous a dit que c'était notre nature même ? Est-ce un choix d'aller travailler à l'extérieur quand on n'a pas assez d'argent ou quand on n'a pas d'homme pour nous faire vivre ? Est-ce un choix d'être infirmière plutôt que médecin quand il y a trois autres enfants derrière soi ou qu'on n'y a même pas pensé ? Est-ce un choix d'être hétérosexuelle quand on ne peut même pas s'imaginer « comment elles peuvent bien s'y prendre pour faire l'amour », « pourquoi, seigneur, elles s'entêtent à avoir l'air de la chienne à Jacques, des vrais gars », et comment « elles peuvent humainement endurer de se faire rejeter de la société comme ça » ?

Les problèmes, la vie politique, la santé mentale des femmes reposent sur une réalité fondamentale. Savoir qu'on est une femme et que tous les pouvoirs de destruction de l'énergie vitale sont contre nous. C'est une perspective intime d'être soi-même, avec et contre d'autres. C'est refuser de séduire à tout prix, accepter de déplaire, commencer à désirer plutôt qu'à être désirée, et choisir de lutter. C'est, en soi, un facteur de changement dans la mesure où aucun individu en santé ne peut vivre sans problèmes dans une société de fous comme la nôtre. Choisir la santé mentale, la santé physique, la satisfaction sexuelle, la responsabilité sociale, c'est choisir de se battre. Il y a toujours la mort, rapide ou à petit feu, mais c'est une toute autre histoire. Certaines la choisissent et on n'y peut rien.

La dimension politique prend toute son envergure quand il y a libre circulation entre l'inconscient et le conscient, entre l'économique et l'idéologique, entre l'enfant et le parent en soi, comme certains le disent, pour se confronter au monde, bienveillant ou dangereux, et agir en conséquence dans ses propres intérêts et dans les intérêts des autres qui les partagent.

C'est là que se situe le politique, mais quel est son contenu individuel et collectif, aujourd'hui et maintenant ? Pour les femmes, il s'agit d'abord et avant tout de comprendre que notre rôle dans l'économie est d'accomplir gratuitement le travail ménager qui est l'entretien d'une maison et l'entretien émotif, matériel et sexuel des hommes et des enfants, de voir que ce rôle a été rendu « naturel » et « évident » par l'idéologie romantique de l'Amour ou cléricale du don de soi [2]. Pour les femmes, cela veut dire refuser d'être les enfants de l'État et refuser d'être les mères, consolatrices ou moralisatrices, de l'humanité au grand complet. C'est refuser d'enfouir notre sexualité au dernier étage de nos préoccupations et refuser qu'elle soit dictée par la religion, le nationalisme ou notre propre crainte de la force qu'elle représente et qu'on imagine nous dépasser tant nous la connaissons peu. Et c'est aussi refuser de croire inévitables et légitimes les humiliations subies par d'autres femmes au nom de notre « liberté » sexuelle.

C'est aussi admettre, en même temps, que le chemin est bien long qui nous mènera à distinguer entre pouvoir et sexualité, pouvoir, sexualité et argent, parce que pour la très grande majorité des femmes, les trois sont à la même place : sans un homme, pas de pouvoir ni légitimité, pas de sexualité et pas d'argent. C'est ce qu'on appelle être ménagère à plein temps. Ainsi, politiquement, pour toutes les femmes, toutes les tentatives visant à dissocier ces trois essentielles composantes de la vie sont nécessaires et urgentes. Tant et aussi longtemps que tous nos oeufs seront dans le même panier, nous demeurerons à la merci du « panier » en question. Et, quand, par-dessus le marché, nous avons des enfants, notre vulnérabilité est presque totale jusqu'à 35 ou 40 ans. Ainsi, politiquement, pour toutes les femmes, toutes les tentatives visant à dissocier pouvoir, sexualité, argent et reproduction sont nécessaires et urgentes.

Chacune, évidemment, doit trouver où elle peut, et veut, introduire sa rupture avec l'ordre établi puisque nous avons si peu d'alternatives que nous ne pouvons qu'élargir constamment le peu de marge de manoeuvre que nous avons. Mais il faut dire haut et fort et de plus en plus clairement que pour l'État, qu'on le veuille ou non, notre seule et unique importance est de reproduire et d'entretenir l'espèce humaine, à la maison, à l'usine, à l'hôpital, à l'école ou au bureau, et notre seul pouvoir de négociation est de le suspendre jusqu'à ce que nous puissions choisir ce que nous ferons et à quelles conditions. Les Québécoises l'ont d'ailleurs compris en faisant en sorte que nous passions du plus haut taux de natalité du monde à l'un des plus bas. En attendant la possibilité de faire la grève générale contre notre

---

[2] Voir à ce sujet *Le Foyer de l'insurrection,* Collectif l'Insoumise, distribué par les Éditions du remue-ménage et « Dossier sur le salaire au travail ménager », *La Vie en rose,* mars 1981.

travail à toutes, afin que notre travail ne soit plus exploité et, peut-être même, que notre amour de la vie ne soit plus un travail, il nous faut devenir de plus en plus « politiques ». Penser en termes de créativité plutôt que de dévouement, de rapports de forces plutôt que de morale, être solidaires entre nous, développer nos alliances et affronter nos adversaires, identifier l'action qui nous plaît et qui est en même temps efficace.

Comme l'écrivait la mère dans une brochure des Éditions du remue-ménage [3], internée depuis trente ans à l'hôpital St-Michel-Archange : « Les femmes ne sont pas nées pour se soumettre ». C'est une « folle » qui l'a dit.

---

[3] Prudence Ogino, *op.cit.*

Table des matières

Le pouvoir des femmes

Femmes-santé-société

7675